KB238602

대한민국
대학생 소비자
FactBook

대한민국 대학생 소비자 FactBook

김경자
천경희
남유진
임하나
공저

이담
Books

머리말

대학생은 오늘날 우리 시장에서 가장 주목받는 집단이라고 해도 과언이 아니다. 그들은 등록금과 어학연수, 용돈을 포함해 어느 연령대의 집단보다 한 개인당 많은 돈을 소비한다. 또한 10대의 소비자들이 동경해 마지않는 언니오빠 세대이며 20대 후반이나 30대 소비자가 보전하고 싶어 하고 그리워하며 모방하는 꽃소비자 집단이다. 그뿐이랴. 앞서 가는 소비트렌드에 가장 먼저 반응하고 사실상 우리 사회의 소비트렌드를 이끌어 가는 축이다.

대학생 소비자를 이해하는 것은 우리 사회의 소비자 가치와 소비자 니즈를 이해하는 지름길이다. 그들은 어떤 배경에서 어떻게 자라나 어떻게 살고 있는가? 집에서 학교에서 거리에서 무슨 생각을 하는가? 무엇을 먹고 무엇을 입으며 누구와 무엇을 하고 노는가? 그들은 앞으로 어떤 일을 하며 어떻게 살고 싶어 하는가? 대학생 소비자를 이해하는 것은 이 사회의 젊은 소비자들을 이해하고 그들을 설득하고 그들을 지원할 전략을 세우는 데 있어 필수 불가결한 작업이라고 할 수 있다.

이 책의 주인공인 대학생들은 1차 베이비붐 세대의 자녀들인 2차 베이비붐 세대로 1986년 아시안게임과 1988년 올림픽이 한창이던 시기에 태어난 세대이다. 초등학교 시기에 이미 컴퓨터에 익숙해져 인터넷과 각종 통신기기에 대한 거부감이 없는 행운의 세대이다. 또한 1998년 외환위기를 겪기 전까지 초·중·고 시기를 비교적 풍요하게 보냈으며 서열화를 거부하는 7차 교육과정 덕분에 비교적 평온하게 학교교육을 받은 세대이다. 그러나 대학 진학과 취업이라는 힘든 과정을 뚫어야 하는 난관에 봉착해 대학에서 학업 외에도 인턴십과 공모전과 각종 어학연수를 준비해야 하고 이로 인해 대부분 4년 안에 졸업할 것을 포기하는 세대이기도 하다.

이 책은 이러한 배경을 지닌 대학생들의 소비생활에 대한 보고서이다. 기본적인 내용은 1,000명 내외의 수도권 대학생들을 대상으로 설문조사를 하여 그들의 식생활과 의생활, 레저생활, 통신소비와 교육소비 실태를 분석한 자료를 기반으로 쓰인 것이다. 그러나 각 소비생활 영역에서 대학생 소비자들이 추구하는 소비가치와 니즈를 엿볼 수 있도록 개별적인 심층면접과 여러 번의 집단면접(FGI)을 통해 자료를 보완하였다.

　대하생 소비자의 소비생활을 이해하는 것은 현 시대 소비트렌드를 이해하는 것이자 미래 소비트렌드를 이해하는 것이기도 하다. 이 사회의 젊은 소비자들을 대상으로 의사소통해야 하는 기업이나 각종 기관들이 이들의 소비생활을 이해함으로써 여하한 도움을 얻을 수 있기를 바라며 책이 나오기까지 도와주신 여러분께 감사드린다.

　또한 특별히 자료수집에 협조해 준 가톨릭대학교 '소비자정량분석' 2008년 2학기 수강생들, 2009년 1학기 '소비자정성조사' 수강생들 그리고 기꺼이 그들의 면접에 응해 준 대학생 소비자 여러분 감사합니다.

2010년 11월 1일
저자 일동

CONTENTS

Chapter
01

들어가기
대학생 소비자,
무엇을 왜
소비하는가?

오늘날 우리 사회의 대학생은 시장의 주요 타깃 집단 중 하나이다. 대학생들의 자유재량 소비액이 늘어나고 있을 뿐만 아니라 그들이 가까운 미래에 사회의 중추적 소비집단으로 성장할 집단이라는 점에서 그리고 그들의 소비행태가 다른 집단의 소비를 리드하는 특징이 있다는 점에서 미래시장에 관심을 갖고 있는 기업들에 그들의 소비 규모 이상으로 관심의 대상이 되고 있다.

그러나 대학생 소비자의 소비행태를 바라보는 시선은 그리 긍정적이지 못하다. 대학생 소비자의 소비행태를 조사한 몇몇 연구들(강이주, 2004; 김경자, 2006; 녹색연합, 2004; 서정희, 2004)에 의하면 그 비판적인 시각은 주로 대학생들이 한정적인 소득에도 불구하고 과소비를 하거나 명품지향적인 소비를 한다는 것, 음주와 오락 등 비생산적인 부분에 대한 지출비율이 크다는 것, 제품 자체의 본래적 효용보다는 감성적이고 과시적인 효용을 위해 지출한다는 것 등이다.

대학생들의 소비품목 중 통상 긴요도가 높은 것으로 간주되는 주거비나 학비, 식비 등은 부모들이 대리 지출하는 경우가 많아 대학생들은 상대적으로 긴요도가 낮은 선택재 분야에 주로 지출하게 되고 그러다 보니 소위 말하는 '합리적이고 이성적인 소비'를 해야 할 기회가 적다. 특히 대학생 시기는 '미래를 위해 공부에 전념해야 할 시기'라는 사회적 인식이 강해서 이들이 소비에 대해 관심을 갖는 자체가 사회적으로 그리 긍정적인 평가를 받지 못하고 있는 측면도 있다.

사회의 시각이야 어쨌든 오늘날 우리 사회의 대학생들은 개인적으로 가장 많은 돈을 소비하는 집단 중 하나에 속한다. 우선 성인의 소비지출과 맞먹는 30만~50만 원대의 소비지출을 하고 있고(김경자, 2006; 녹색연합, 2004; 심영, 2004), 가방 · 구두 · 화장품 등 명품시장의 주요 고객이기도 하다. 그뿐만 아니라 막대한 양의 등록금과 책값, 어학연수비, 학원비를 소비하고 있고 외식과 의류, 화장품 시장에서도 만만치 않은 금액을 소비하는 소비자이다. 사실상 가족원별 지출액을 분석해 보면 대학생 자녀가 있는 경우 직장에 다니는 가장이나 가계소비의 많은 부분을 대행하는 주부보다 대학생이 가계지출 중 더 많은 비율을 소비하는 경우가 대부분이다.

이처럼 우리나라 사회에서 대학생 소비자는 가계소비 지출 중 가장 많은 부분을 소비하고, 시장에서 기업의 관심의 대상이 되는 소비행태를 보인다. 사회적으로도 그들의 소비행태는 10대 소비자와 다른 20대 소비자의 모방대상이 된다. 그들은 수학능력시험을 통해 어렵게 대학에 진학하여 공부하는 학생일 뿐만 아니라 적은 소득에도 불구하고 소비시장에서 당당하게 대접받고 시장을 리드해 가는 소비자, Homo Consumens(소비하는 인간)이다.

대학생 소비자들은 무엇을 얻기 위해 소비하는가? 일반 소비자들과 마찬가지로 대학생 소비자들도 그들이 필요하다고 생각하는 것을 소비하기 위해 돈을 쓴다. 그렇다면 그들이 필요하다고 생각하는 것은 무엇인가? 대학생들은 생활의 필수적인 부분 – 식사와 주거, 교육 등 – 의 상당 부분을 부모에게 의존하고 있기 때문에 이들이 소비하는 대상은 보다 선택적이며 이차적인 재화나 서비스들이 많다.

김경자(2006)는 2006년 수도권 대학생들을 대상으로 지난 한 달 동안 구입한 물건들을 회상하여 그들이 그 물건을 산 이유를 조사하였는데(복수응답) 그 결과 대학생들은 주로 재미라는 쾌락적 요소와 남에게 보이기 위한 과시적 요소를 구현하기 위해 그 제품을 구입했다고 응답했다. 쾌락적 요소는 소비 자체를 즐기거나 재미있어 하는 것, 소비를 통해 남에게 존중받고 좋은 대우를 받아 기분이 좋아지는 것 등의 내용을 포함한다. 과시적 요소는 나 자신의 즐거움이나 정서적 만족보다 타인을 의식하고 타인과의 관계에서 멋있어 보이거나 타인과 차별하여 자신의 개성을 표현하려는 욕구 등을 담고 있다. 대학생들이 소비하는 이유는 간접적으로 대학생들의 소비가치를 표현한 것이라고 볼 수 있는데 소속 집단에 대한 동조나 실용적 요소 등은 대학생 소비자에게서 그리 중요한 소비가치로 언급되지 않고 있다. 또한 남학생은 여학생보다 재미와 동조, 소유욕 충족, 실용성 취득 등의 이유를 상대적으로 더 중요시하고 여학생은 남학생보다 과시적 요소를 더 중요시한다.

〈표 Ⅰ—1〉 대학생 소비자들이 소비하는 이유

쾌락적 요소	즐거움, 재미를 위해, 권태로움을 극복하고 자극을 얻기 위해
과시적 요소	남들에게 과시, 권력 추구(남들에게 존중받으려고), 외모 개선(미용, 장식), 나만의 개성/스타일 표현 등
동조적 요소	친구와의 어울리기 위해, 남들이 다 하니까, 왕따당하기 싫어서 등
소유욕 충족	그냥 가지고 싶어서, 나만의 것으로 만들고 싶어, 소유하면 흐뭇
실용성 추구	진짜 필요해서, 성능을 업그레이드하기 위해, 취미생활을 위해 등
스트레스 해소	스트레스를 풀려고, 그냥 하고 싶어서, 그때그때 충동적으로 등

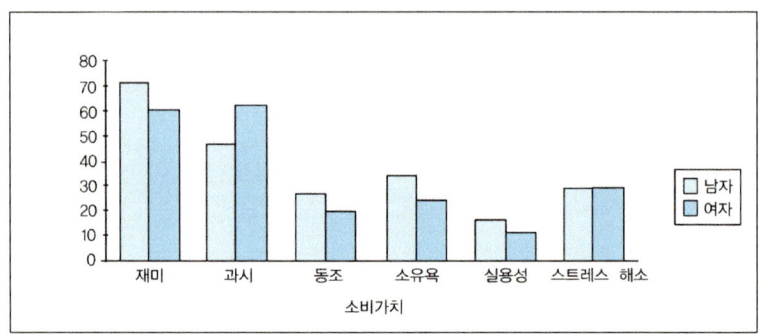

〈그림 Ⅰ—1〉 대학생 소비자들이 소비하는 이유

다음 <표 Ⅰ—2>는 대학생들의 소비이유를 추리하기 위해 대학생들에게 소비빈도가 높은 소비품목 43개를 선정하게 한 다음 그들이 각 소비품목을 얼마나 필요한 것이라고 인식하고 있는지를 파악한 것이다. 응답자들에게 43개 품목을 제시하고 이 품목들이 대학생의 일상생활에 꼭 필요한 것인지(2점), 약간 필요한 것인지(1점), 전혀 필요하지 않은 것인지(0점)를 평가하게 하였다. 응답자들이 현재의 시점에서 자신들에게 '꼭 필요하다'고 생각하는 비율이 가장 높은 품목은 휴대폰(1.7)과 연극·영화·음악회 관람(1.7)이다. 응답자의 각각 **78.0%, 76.2%**가 위 두 품목이 일상생활을 위해 꼭 필요하다고 생각하고 있다. 그다음은 전공서적과 교재(1.6), 게임방과 노래방, 오락실 이용(1.5), 술값 지출(1.4), 인터넷 사용(1.4), 운동비(1.3), MP3(1.3), 디지털카메라(1.3), 학원비(1.3), 가방, 지갑 등 잡화(1.3) 등이 뒤를 이었다. 응답자의 거의 80% 이상이 이 제품들이 '약간' 또는 '꼭' 필요한 것이라고 생각하고 있었다.

대학생들이 가장 필요하다고 선택한 품목은 학업에 필요한 교재나 학원비 등이 아닌 휴대폰과 연극·영화 등이다. 이는 대학생들이 중요시하는 소비가치가 또래집단과의 의사소통이나 친구와의 어울림 등 주로 사회적 관계를 맺는 데 필요한 것들임을 암시한다. 오락실 이용, 술값 지출 등이 뒤를 잇는 것도 마찬가지 맥락에서 이해할 수 있다. 이로 미루어 대학생들이 소비하는 이유가 사회에서 타인과 관계를 맺고 소통하기 위한 목적과 크게 관련이 있음을 유추할 수 있다.

〈표 Ⅰ-2〉 대학생 소비자가 판단한 소비품목별 필요도

	소비지출 품목	전체		소비지출 품목	전체
식품류	레스토랑에서 식사	0.9	학습용품	전공서적, 교재	1.6
	카페에서 차 마시기	0.8		교양취미서적, 잡지류	1.1
	술값	1.4		학원비(어학, 학업, 기타)	1.3
	담배 등 기호식품	0.5	교제용품	선물비, 위문비	1.2
	다이어트 식품	0.2		각종 회비	1.1
인터넷	인터넷 사용요금	1.4		종교헌금, 기부금	0.7
	e게임비, 유료콘텐츠	0.4	화장품류	향수류	0.6
	아바타, 도토리 구입	0.4		에센스, 영양크림류	0.8
미용 관련	머리손질	1.2		색조화장품	0.7
	성형수술비	0.3		기능성 화장품	0.7
	문신, 반영구 화장	0.3		바디용품(목욕용품류)	0.8
	피부마사지, 네일케어	0.5	잡화류	가방, 지갑, 핸드백류	1.3
오락, 취미용품	게임방, 노래방, 오락실	1.5		각종 액세서리	1.0
	운동비(헬스, 요가, 당구 등)	1.3		취미용품류	0.5

	소비지출 품목	전체		소비지출 품목	전체
오락, 취미용품	연극영화/음악회 관람	1.7	잡화류	수집품류(동전, 우표 등)	0.4
	음악 CD/DVD	1.0	의류	유명브랜드 정장의류	0.7
	운동용구	0.6		유명브랜드 캐주얼의류	1.2
전자제품	컴퓨터	1.1		운동복, 등산복, 수영복류	0.8
	휴대폰	1.7		각 계절용 신발류	1.2
	MP3	1.3		스카프, 장갑류	0.7
	디지털 카메라	1.3		기능성 속옷류	0.4
	컴퓨터 게임기	0.4			

한편 대학생 소비자들이 판단한 필요도와 구매경험률은 반드시 비례하지는 않는 것으로 나타나고 있다. 이는 필요도 외에 가격이라는 중요한 다른 요소가 개입하기 때문이다. <그림 Ⅰ—2>는 43개 품목 중 필요도와 구매경험률이 일치하거나 일치하지 않는 몇 개 품목을 뽑아 표를 만든 것이다. 필요도는 낮으면서 구매경험률이 높은 품목에는 레스토랑에서의 외식, 아바타나 도토리, 카페에서 차 마시기, 브랜드 정장의류, 목욕용품 등이 포함되고, 필요도는 높으면서 구매경험률이 낮은 품목에는 음악 CD, MP3, 디지털카메라가 포함되어 있다.

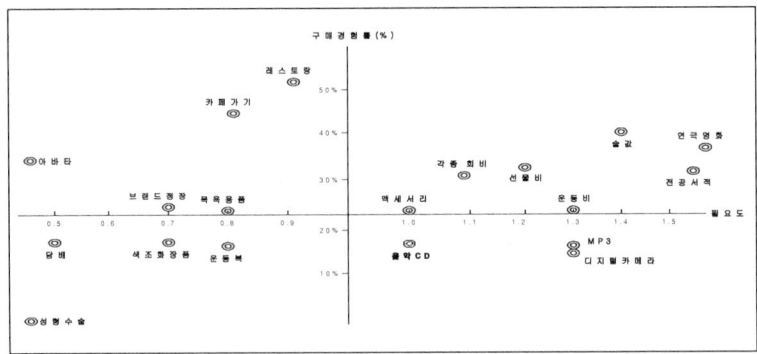

<그림 Ⅰ-2> 대학생들이 인식한 품목별 필요도와 구매경험

대학생 소비자는 크게는 이 사회의 문화와 규범 그리고 경제체제의 영향을 받아 다른 소비자와 마찬가지로 소비가치와 소비자니즈를 형성한다. 그러나 그 소비가치가 소비자니즈가 표현되는 소비대상과 소비방식에 있어서는 다른 집단과 확연한 차이를 보인다. 이들은 인터넷이나 다른 첨단기술적 요소에 그 어느 소비자 집단보다 익숙하고 새로운 변화를 가장 먼저 수용하는 집단이다. 또한 아마도 자유재량적 소비에 있어서는 성인 못지않은 구매력과 시간을 가지고 있는 집단이다. 현재 시장의 소비자로서 그리고 미래시장의 소비자로서 대학생 소비자는 그 어느 집단보다 큰 잠재력과 가능성을 가지고 있다. 대학생 소비자는 무엇을 왜 소비하는가를 구체적으로 살펴보자.

Chapter 02

이렇게
조사했다

1. 대학생 소비자 조사의 목적

<대한민국 대학생소비자 FactBook>은 다양한 영역에서의 대학생 소비자들의 실제 소비생활을 조사하여 대학생 소비자 시장에 대한 정보를 제공하기 위해 쓰였다. 이 책은 그들의 일상생활, 그들이 소비하는 품목과 소비상표, 그들이 추구하는 소비가치와 소비하는 이유 등 대학생 소비자를 이해하기 위한 다양한 정보를 담고 있다. 정량적인 자료뿐만 아니라 인터뷰와 관찰 그리고 대중매체의 관련 기사들을 활용하여 기업이나 교육기관이 대학생 소비자를 이해하는 데 필요한 다양한 정보와 통찰력을 제공한다.

2. 대학생 소비자 조사의 내용

대학생 소비자의 소비생활 전반을 조사하기 위해 설문지를 사용한 정량조사와 정성조사를 병행하였다. 설문조사의 경우 어떤 내용을 조사할 것인가는 조사에 참여한 대학생 46명이 함께 여러 단계의 논의 과정을 거쳐 결정하였다. 먼저 대학생 소비자들이 부모의 의사결정에 따르지 않고 자발적으로 의사결정을 하는 중요한 소비영역을 선정하게 하고 그 영역별로 담당팀을 구성하여 팀별로 세부적인 조사항목을 구성하였다. 그다음에 선정된 조사항목이 대학생들의 소비실태와 소비욕구 그리고 그들의 관심사를 잘 보여 줄 수 있는 내용인가를 전체 조사자들과 함께 다시 논의한 후 최종 조사문항을 확정하였다. 대부분의 조사내용은 대학생들이 소비하는 실제 상표보다는 소비하는 품목을 파악하기 위한 것이나 부분적으로는 실제 상표명을 알기 위한 문항도 포함하였다.

설문조사의 최종 조사내용은 대학생 소비자의 전반적인 소비패턴을 파악하기 위한 12개 소비품목별 지출액과 식생활, 의생활 및 미용, 여가생활, 인터넷과 통신 그리고 자기계발 등 다섯 영역에서의 소비행태이다. 자세한 내용은 다음 표와 같다.

<표 Ⅱ-1> 대학생 소비행태 설문조사 내용

주 제	조사 내용
조사자 특성	성별, 연령, 학년, 거주형태, 주요 성장지, 소속대학과 전공, 병역필 유무
전반적 소비패턴	한 달 소비지출, 총 소비지출액, 12개 품목(식비, 의류신발비, 화장/장신구비, 학원비, 교통비, 휴대폰비, 술담배비, 오락비, 도서비, 회비/교제비, 저축, 기타)별 소비지출액, 재테크 현황, 신용카드 사용행태
식생활	식사일반, 외식행태, 음주와 흡연
의생활과 미용	의류, 성형, 화장품
여가생활	영화/공연, 음악, 방송/연예
인터넷과 통신	인터넷(카페, 블로그, 댓글), 온라인 쇼핑, 휴대폰
자기계발	독서와 신문구독, 교육/연수/취업

정성조사는 정량조사에서 대학생의 소비행태 영역으로 선정한 전반적 소비패턴과 식생활, 의생활 및 미용, 여가생활, 인터넷과 통신, 자기계발 등 여섯 영역에서 나타난 소비행동에 대한 대학생들의 심층적인 소비행태를 파악하기 위해 실시하였다. 소비영역별로 각 영역을 대표한다고 판단되는 주제를 선정하여 질적 연구의 한 방법인 집단심층면접법(Focus Group Interview)과 개별심층면접법(In‑depth Interview)을 활용하여 영역별로 대학생 소비자들이 보이는 견해와 태도를 살펴보았다. 최종적으로 선정된 정성조사의 주제는 대학생들의 주된 관심영역이라고 판단되는 금전관리, 아침식사, 외식, 의류매장, 여가생활, MP3, 인터넷 포털, 휴대폰, 어학연수 등 9개 주제이나. 긱 주제들에 대한 세부 조사내용은 <표 Ⅱ-2>와 같다.

<표 Ⅱ-2> 대학생 소비행태 정성조사의 내용

주 제	조사 내용
금전관리	한 달 용돈 지출, 비목별 평균 지출 비용, 금전관리 계획 여부
식사	아침식사 여부와 이유
외식	외식 빈도와 메뉴
의류매장	의류매장환경에 대한 인식, 브랜드별 매장환경 이미지와 차이점, 선호 의류매장 환경(디스플레이/점원서비스/탈의실 환경/이동동선/기타 편의시설 등)
여가생활	여가생활에 대한 인식 및 이미지, 여가생활 실태 및 만족도(독서/공연/사교/오락/스포츠/기타 등)
MP3	MP3 사용행태, 브랜드별 이미지탐색, MP3 구매 시 고려사항, 브랜드별 장단점
인터넷포털	포털사이트에 대한 이미지, 포털사이트 서비스 이용행태, 포털사이트 선택 준거, 포털사이트의 불만과 니즈
휴대폰	휴대폰 이용행태, 소비자인식 및 브랜드경쟁력 탐색, 광고 콘셉트 평가
어학연수	연수 결심 계기, 연수 준비, 연수의 장단점, 체험 연수의 특성

3. 자료의 수집과 분석

설문조사의 조사대상은 수도권 소재 22개 4년제 대학에 재학 중인 대학생 813명이다. 조사자 46명에게는 조사할 학교와 조사할 대학생의 성별만 할당하고 전공과 학년, 기타 사항은 자유롭게 선택하게 하였다. 조사자들은 해당 학교에 가서 각각 20명 내외의 대학생들을 대상으로 응답자 기입방식으로 설문조사를 수행하였다.

설문조사가 이루어진 시기는 2008년 11월 4일부터 11월 17일 사이이다. 조사대상에 포함된 대학은 서울특별시 내에 주요 캠퍼스가 있는 가톨릭대학교, 경희대학교, 고려대학교, 광운대학교, 건국대학교, 국민대학교, 동국대학교, 동덕여자대학교, 명지대학교, 산업대학교,

상명대학교, 서강대학교, 서울대학교, 서울여자대학교, 성신여자대학교, 숙명여자대학교, 숭실대학교, 연세대학교, 이화여자대학교, 중앙대학교, 한양대학교, 홍익대학교의 22개 대학이다.

수집된 설문조사 자료는 SPSS를 이용하여 기술통계치를 중심으로 분석하여 제시하였다. 대부분의 경우 전체적인 경향과 함께 성별 비교결과만을 제시하였으나 경우에 따라 다른 변수별로 차이가 있는 경우 소비자의 다른 특성별 결과도 비교하여 제시하였다.

정성조사 자료는 수도권 대학생들을 대상으로 실시하였는데 주제에 따라 집단심층면접법(Focus Group Interview)과 개별심층면접법(In-depth Interview)을 활용하였다. 설문조사 결과 많은 경우 주제별로 남학생과 여학생의 소비행태가 다르게 나타났기 때문에 남학생과 여학생의 심층적인 태도를 살펴보기 위해서 남학생과 여학생을 구분하여 집단심층면접을 실시하였다. 식사, 외식, 의류매장, 여가생활, MP3, 인터넷 포털, 휴대폰의 7가지 주제는 주제별로 남학생과 여학생 각각 1그룹씩 집단심층면접 FGI(Focus Group Interview)를 실시하였으며 금전관리, 어학연수 2가지 주제는 개별심층면접법(In-depth Interview)을 통해 자료를 수집하였다. 정성조사는 2009년 5월 1일부터 5월 13일 사이에 실시하였으며 주제별 조사대상 그룹 및 인원은 다음과 같다.

<표 Ⅱ-3> 대학생 소비행태 정성조사방법 및 조사대상자 현황

주 제	조사방법	그룹 및 인원
금전관리	개별심층면접(In-depth Interview)	남학생 1명, 여학생 1명
식사	집단심층면접(Focus Group Interview)	남학생그룹 8명, 여학생그룹 8명
외식	집단심층면접(Focus Group Interview)	남학생그룹 8명, 여학생그룹 8명
의류매장	집단심층면접(Focus Group Interview)	남학생그룹 5명, 여학생그룹 5명
여가생활	집단심층면접(Focus Group Interview)	남학생그룹 6명, 여학생그룹 6명
MP3	집단심층면접(Focus Group Interview)	남학생그룹 5명, 여학생그룹 7명
인터넷포털	집단심층면접(Focus Group Interview)	남학생그룹 6명, 여학생그룹 6명
휴대폰	집단심층면접(Focus Group Interview)	남학생그룹 6명, 여학생그룹 7명
어학연수	개별심층면접(In-depth Interview)	남학생 1명

　집단심층면접은 그룹별로 약 2시간 동안 진행되었다. 집단심층면접조사는 각 주제에 대한 몇 가지 기초 질문을 던진 후 미리 계획된 질문에 대해 각자 원하는 대로 의견을 표현하고 소비동기와 소비가치 및 소비행동에 대해 서로 의견을 나누는 식으로 이루어졌다. 사회자(Moderator)는 주제와 어긋나는 대화가 있거나 대화가 특정인에 의해 주도된다고 판단되면 전체적인 분위기가 목적에 맞는 방향으로 나아가도록 자연스럽게 유도하였다. 한편 개별심층면접은 면접자별로 약 1시간 30분 동안 진행되었다. 집단심층면접조사와 개별심층면접조사를 실시하면서 조사대상자들과 나눈 대화는 빠짐없이 관찰 및 기록하는 동시에 녹음한 후 미처 기록하지 못한 것은 나중에 옮겨 적어 분석을 위한 자료로 삼았다. 기본적인 인구통계적 특성 자료는 집단심층면접에 들어가기 전 미리 구성된 설문지를 통해 조사대상자들이 직접 작성, 기록하도록 함으로써 수집하였으며 개별심층면접의 경우는 대상자 선정과정을 통해 수집하였다. 수집된 자료는 각 주제에 맞는 개념과 속성을 중심으로 귀납적 방법에 따른 내용분석(Content

Analysis)을 실시하여 정리하였다.

4. 조사대상자들은 이러했다

　설문조사 응답자의 성별분포는 남학생 **51.5%**, 여학생 **48.5%**이고, 학년은 1학년 **18.6%**, 2학년 **27.3%**, 3학년 **34.7%**, 4학년 **19.4%**였다. 응답자의 연령은 18~28세로 평균 21.9세이다.

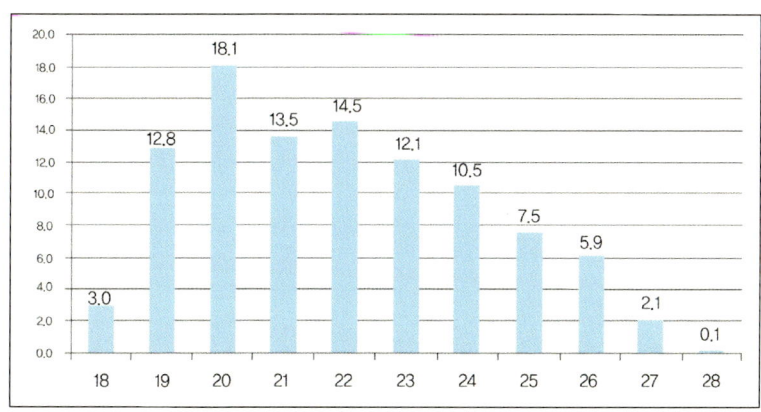

〈그림 Ⅱ-1〉 연령분포

　조사대상자의 주요 성장지는 서울인 경우가 가장 많아 **44.5%**이고 광역시가 **25.6%**, 중소도시가 **26.8%**, 읍면 이하 시골이 **3.1%**이다. 현재 거주형태를 보면 **70.2%**는 부모님과 함께 거주하고, **22.0%**가 하숙/자취를 하고 있으며 **6.5%**가 기숙사에 살고 있다. 전공은 이공계열이 가장 많은 **21.4%**였고, 생활과학계열이 **17.7%**, 법학/상경계열이 **16.5%**,

인문/어학계열이 14.4%, 사회계열이 12.3%, 자연계열이 9.2%, 예체능계열이 5.2%, 의대/간호대가 1.1%, 기타가 2.2% 순인 것으로 나타났다. 남학생 중 병역을 필한 응답자의 비율은 57.0%(현역, 공익만 포함, 면제는 2.4%, 기타는 3.1%)였다.

Chapter
03

대학생 소비생활
What & Why

 **대학생, 돈을 어디에 어떻게 쓰나**

대학생들은 어디에 돈을 쓰는가?
대학생들은 12개 소비품목에 한 달 평균 48만 원의 돈을
쓴다. 총액수의 1/4인 12만 원은 식비로 지출하고 그 다음
은 의류신발비, 교통비, 휴대폰비, 술·담배비 순으로 많이
지출한다. 남학생은 술·담배비에, 여학생은 의류신발비와
화장/장신구비에 상대적으로 더 많이 지출한다.

그의 하루는 이러하였다. 아침에는 8시 반쯤에 일어나 어제 시켜 먹었던 치킨 중 남은 것과 빵을 먹었다. 그리고 학교에 와서 10시부터 3시간 연이어 수업을 듣고 1시 직전 10분간 쉬는 시간에 카페에서 핫도그를 하나 사 먹었다. 오전 수업은 강의 위주의 수업이어서 별다른 부담 없이 편안하게 강의를 들었다. 다시 두 시간 수업을 듣고 3시가 돼서야 학교 앞 식당에서 점심으로 잡탕밥을 사 먹었다. 학교식당이 요즘 조미료를 전혀 사용하지 않는 체제로 바뀌었는데 몸에는 그 음식이 좋을지 모르나 영 입맛에는 안 맞고 심심해서 식당에는 잘 안 간다.

뒤늦은 점심을 먹고 나서는 캠퍼스 커플인 두 살 아래 여자친구와 얼마 전 오픈한 앤제리너스 카페에서 아메리카노를 사서 마셨다. 나 혼자라면 이 커피 대신 100원짜리 자판기 커피를 마시겠지만 여자친구는 꼭 이걸 마시자고 한다. 이 커피는 여자친구가 사 주었다. 커피를 마시고 나서 도서관으로 가서 컴퓨터를 이용해 교재를 신청했다. 이번 학기부터 학교 서점이 없어지고 인터넷 교보문고가 들어왔다. 인터넷으로 교재를 주문하면 다음 날 지정된 장소로 교재가 배달된다. 군대 가기 전에는 책값을 아끼려고 교재를 복사해서 쓰기도 했는데 이젠 제대로 된 책을 사기로 했다. 영어도 인턴십도 내세울 게 없이 3학년 2학기를 맞아 학점이라도 높여야 하는데 책을 사면 좀 더 열공하게 될 것 같기 때문이다.

6시쯤 저녁을 먹으러 지하철을 타고 구로역으로 나갔다. 역 근처에 있는 패밀리 레스토랑 아웃백에서 스테이크 두 개와 샐러드 하나를 시켜서 배부르게 먹었다. 비용이 6만 원 정도 나왔는데 제휴상품권과 현금으로 계산을 하고 나왔다. 밥값은 주로 그가 내지만 여자친구는 상품권이나 마일리지 같은 할인제도를 잘 챙겨 부담을 덜어 준다. 밥을 다 먹고 조금 더 노닥거리다가 9시가 넘어 여자친구와 헤어지고 집에 가서 공부를 하려는데 동아리 후배들이 전화를 했다. 군대 간 후배가 휴가 나왔단다. 다시 학교 앞에서 동아리 친구들과 후배들을 만났다. 고깃집에서 삼겹살을 먹으며 소주를 마셨고 끝날 즈음에 라면을 시켜 먹었다.

집에 들어온 것은 11시 30분경. 12시 전에 귀가한 것은 내일까지 내야 할 과제가 있기 때문이다. 집에 오자마자 컴퓨터를 켜고 일단 메신저에 들어와 있는 친구들과 안부를 교환하였다. 그리고 팀플을 위해 개설한 클럽에 접속하였다. 팀원 다섯 명이 논문과 온라인, 신문, 방송, 대형할인점을 하나씩 맡아 관련 자료를 올리기로 했는데…… 헐~ 달랑 두 명의 자료가 올라와 있다. 팀플은 이래서 문제다. 어차피 한두 명이 다 숙제를 맡아 하게 된다. 내가 안 해도 누가 하겠지 싶지만 그래도 복학생 처라 완전히 발 빼기는 어렵다. 온라인에서 신문자료를 뒤져 보기로 한다. 관련 자료를 검색하다 보니 이런 장동건과 고소영이 사귀는구나~ 자세한 내용을 알아보려면 기사 파도타기를 해야 하지만 참기로 했다.

민망하지 않을 만큼 자료를 올려놓고 나니 두 시 반. 컴퓨터에 잔잔한 음악을 틀어 놓고 자리에 누웠다. 그리고 누운 채 한 달 전부터 시작한 '하루 20개의 영어단어 외우기'를 시작한다. evacuant, evacuation, evade, evaluate, evanesce, ZZZ……

1) 대학생의 소비지출

대학생들이 자기 스스로 주도적 소비를 위해 지출하는 비용은 월 평균 481,035원 정도이다. 성별로는 여학생의 평균 소비지출이 499,468원으로 남학생의 463,703원보다 약 4만 원 정도 많았다. 학년 별 소비지출 변화를 살펴보면 남학생의 경우에는 학년이 올라갈수록 소비지출이 증가하고 1학년과 2학년의 소비지출은 약 13만 원 이상 크게 차이가 난다. 여학생의 경우 4학년, 2학년, 3학년, 1학년 순으로 소비지출을 많이 하는 것으로 나타났는데 2학년과 3학년은 차이가 크지 않다. 4학년 여학생은 월평균 55만 원을 지출하는 큰손으로 나타나고 있다. 남학생과 여학생의 소비지출 격차는 1학년 때 가장 컸고 그 이후는 거의 비슷하였다.

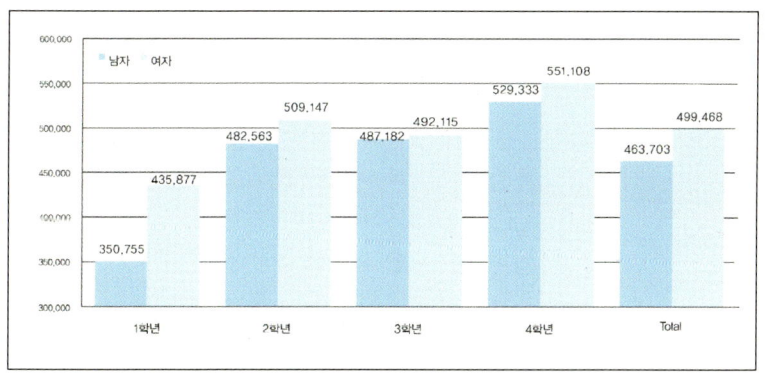

〈그림 Ⅲ-1〉 성별. 학년별 평균 소비지출 차이

대학생들의 소비지출 사용 용도는 식비, 의류신발비, 교통비, 휴대폰비, 술담배비 순이다. 대학생들은 전체 소비지출의 약 1/4인 25.6%

를 먹는 데 사용한다. 식비 외에 교통비, 휴대폰비, 술담배비에 쓰는 지출액은 모두 합쳐 총 소비지출의 33.8%이다. 소비지출 사용에 있어서의 성별 차이를 보면 오락비, 교통비, 휴대폰비, 도서비, 회비/교제비, 기타 비용이 총 소비지출에서 차지하는 비율은 큰 차이가 없었고 식비, 술/담배비의 사용비중은 여학생보다 남학생이, 의류/신발비, 화장/장신구비, 학원비, 저축비 등은 여학생이 남학생보다 높았다. 특히 술/담배비의 비율은 여학생보다 남학생이 8% 이상 높았고 의류/신발비와 화장/장신구비의 비율은 남학생보다 여학생이 5% 이상 높게 나타났다.

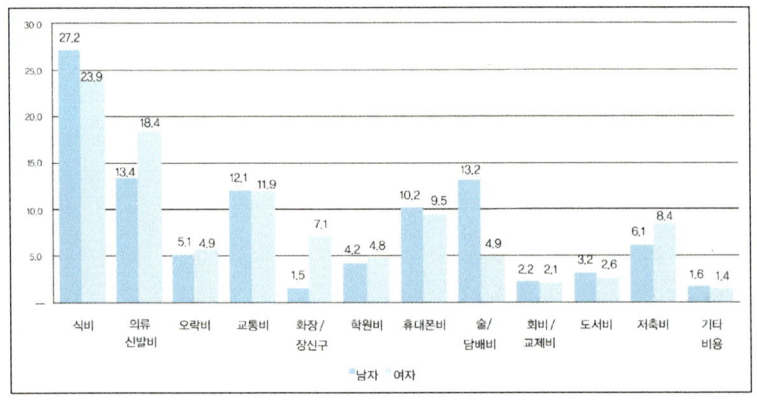

〈그림 Ⅲ-2〉 비목별 소비지출 비중 차이

학년별 소비지출 사용처의 차이는 성별 차이에 비해 그리 두드러지지 않는다. 그러나 의류신발비의 비율은 남·여학생을 막론하고 모두 학년이 높아질수록 낮아지는 것을 볼 수 있다. 대부분의 대학생들은 1학년 한 학기를 지내고 나면 고등학생 티를 완전히 벗고 환골탈

태한 멋쟁이가 되어 나타나지만 3학년쯤 되면 다시 청바지와 남방 차림으로 도서관을 들락거려야 하기 때문이다. 여학생의 경우 학원비와 도서비는 학년이 높아질수록 지출 비중이 늘어나고, 술/담배비의 비중은 4학년이 되면 크게 낮아진다.

〈표 Ⅲ-1〉 대학생의 성별, 학년별 비목별 지출비율(%)

성별	학년	식비	의류 신발비	오락 비	교통 비	화장/ 장신구	학원 비	휴대폰 비	술/담 배비	회비/ 교제비	도서 비	저축 비	기타 비용
남자	1학년	27.0	18.9	5.5	12.5	1.1	2.9	9.6	12.1	2.4	1.8	4.9	1.3
	2학년	26.1	14.7	6.0	10.4	1.9	5.8	9.7	13.1	2.2	3.5	5.6	1.0
	3학년	27.4	11.0	4.0	13.3	1.4	2.6	11.0	14.1	1.6	2.8	8.5	2.3
	4학년	28.7	10.8	4.9	12.2	1.4	5.4	10.3	13,1	2.7	4.3	4.6	1.7
	Total	27.2	13.4	5.1	12.1	1.5	4.2	10.2	13.2	2.2	3.2	6.1	1.6
여자	1학년	24.9	22.2	4.5	11.8	5.2	-	8.3	5.3	2.0	1.5	13.2	1.2
	2학년	21.5	20.6	5.5	10.6	8.3	4.6	7.9	5.2	1.9	2.6	9.3	1.9
	3학년	25.3	18.3	4.9	12.6	7.5	4.7	10.6	4.9	1.9	2.7	5.8	0.8
	4학년	23.7	13.5	4.5	12.3	5.7	8.3	10.3	4.2	2.8	3.1	9.3	2.2
	Total	23.9	18.4	4.9	11.9	7.1	4.8	9.5	4.9	2.1	2.6	8.4	1.4

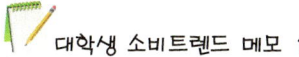
대학생 소비트렌드 메모 1

쁘띠 된장녀

A 양은 요새 부모로부터 받는 용돈의 대부분을 식비나 술값으로 사용하고 있다. 이번 달에도 충분한 소비지출을 받았지만 벌써 다 써 버렸다. 부모님께서는 늘 돈이 부족한 그녀를 위해서 하루에 만 원에서 2만 원 정도의 돈을 추가로 주신다. 그러나 그녀는 그 돈으로 원래 하려고 했던 교통카드 충전을 하지 않고 친구와 카페에서 노느라 써 버렸다. 일주일 교통비가 친구들과 마시는 한 잔의 커피와 조각케이크 값으로 날아가 버린 것이다. 어제도 술을 마시다 보니 가진 돈을 다 써서 친구에게 돈을 빌려 오락실에 갔었는데…… 매일매일 소득에 비해 과한 생활을 하고 있는 그녀는 비록 명품에 돈을 펑펑써 대는 건 아니지만 소비절제가 안 된다는 점에서 자신도 쁘띠 된장녀라고 자조한다.

2) 대학생의 저축행동과 신용카드 사용행동

대학생들은 한 달에 얼마나 저축을 하고 있을까? 이 부분에서는 대학생들이 어디에 얼마를 저축하고 있는지를 조사하였다. 먼저 재테크(저축) 여부에 대해 질문한 결과, 전체 응답자의 **48.1%**가 재테크를 하고 있다고 응답하였다. 전체 학생의 총 예금액(예·적금과 기타 금융자산의 현재 가치 모두 포함)은 평균 **94만 8,770원**이었고 재테크를 하고 있는 학생만을 대상으로 할 경우 평균 **230만 9,760원**이었다. 총 예금액 차이를 보면 남학생의 평균 예금액이 약 **115만 6,492원**으로 약 **72만 7,868원**인 여학생보다 높았다. 남녀 모두 학년이 증가할수록 총 예금액도 증가했는데 특히 남학생의 경우 4학년은 3학년에 비해 총 예금액이 거의 세 배가량 높았다.

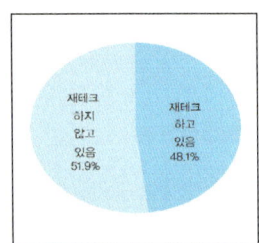
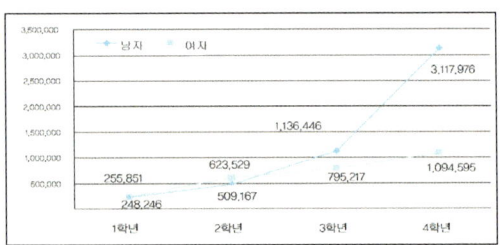

〈그림 III-3〉 대학생의 재테크　　　〈그림 III-4〉 성별. 학년별 총 예금액 차이

예금액은 용돈의 액수에 따라서도 차이가 난다. 용돈이 30만 원 이하인 집단의 경우 평균 예금액은 230,253원이고, 60만 원 초과인 집단의 경우 평균 예금액은 2,336,275원으로 용돈이 많을수록 예금액도 많다.

<표 Ⅲ-2> 용돈별 평균 예금액(원)

용 돈	평균 예금액
300,000원 이하	230,253
300,001~450,000원 이하	476,733
450,001~600,000원 이하	809,375
600,001원 초과	2,336,275

대학생들이 주로 선택한 저축 수단은 정기예금과 적금, 펀드이다. 이 세 가지 방식을 선택한 학생의 비율은 각각 모두 30% 이상이다. 성별 재테크 수단의 차이 중 가장 두드러지는 점은 남학생이 여학생에 비해 주식투자를 하는 비율이 24.7% vs. 2.9%로 현저히 높다는 것이다. 학년별로 살펴보면 학년이 증가할수록 보다 다양한 재테크 수단을 택하고 있음을 알 수 있다. 학년이 올라갈수록 주식과 보험이 차지하는 비중이 점점 높아진다.

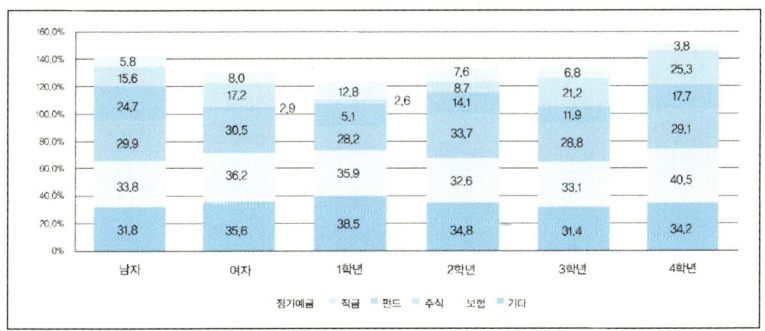

<그림 Ⅲ-5> 성별, 학년별 재테크 수단 차이

대학생들의 신용카드 사용행태는 어떠할까? 1990년대 후반과 2000년대 초반에는 거의 모든 대학생들이 신용카드를 소유하고 있었다.

신용카드 발급에 대한 규제가 지금보다 심하지 않았기 때문이다. 외환위기를 겪으며 신용카드 발급기준이 강화된 후 대학생들의 신용카드 사용은 잠시 주춤했으나 최근 다시 신용카드 사용이 증가하고 있다. 조사대상자의 절반가량이 구매를 할 때 주로 신용카드를 사용한다고 응답했다. 이들이 사용하는 카드는 본인의 것인 경우(42.0%)보다 부모의 것인 경우(62.6%)가 더 많았다. 나머지는 주로 체크카드를 쓴다고 대답했고 현금으로 주로 지불한다는 응답은 10% 정도에 불과하였다.

성별, 학년별로 소유하고 있는 카드를 모두 선택하게 한 결과 체크카드를 가지고 있다고 한 응답자는 전체의 90%가량이었고 본인의 신용카드를 가지고 있다는 응답자는 전체의 12.1%, 부모의 신용카드(가족카드)를 가지고 있다는 응답이 18.6%였다. 체크카드 보유율을 살펴보면 성별로는 큰 차이가 없었으나, 학년이 올라갈수록 체크카드 보유율이 줄고 신용카드 보유율이 높아지고 있다. 남학생은 여학생에 비해 본인의 신용카드를 보유하고 있는 경우가 많았고, 여학생은 남학생에 비해 부모명의의 가족카드를 보유하고 있는 경우가 많았다.

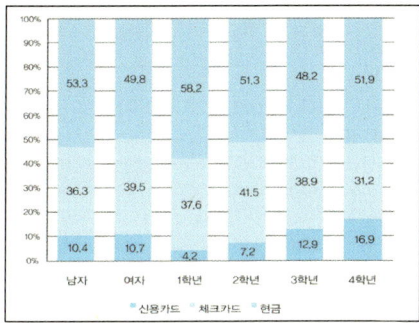

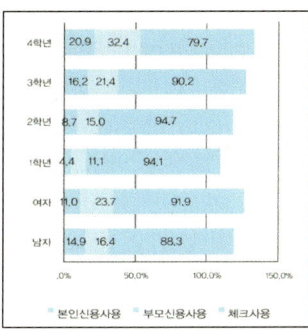

〈그림 Ⅲ-6〉 성별, 학년별 주요 지불수단 차이 　　〈그림 Ⅲ-7〉 성별, 학년별
　　　　　　　　　　　　　　　　　　　　　　　　　　　　사용카드 종류

 대학생 소비트렌드 메모 2

요즘 가장 인기 있는 동아리는 투자 동아리

요즘 대학가에서 가장 각광받는 동아리는 투자 동아리다. 봉사 동아리나 스포츠 동아리,
취미생활 동아리는 사양 동아리이다. 이런 동아리들은 들어오겠다는 신입회원이 없어서 아
무나 받아 주는 데 비해 투자 동아리는 신입회원을 뽑을 때 서류전형과 면접까지 거친다.
경쟁률이 5 : 1까지 되는 경우도 있다.
가을 학술제 때는 주식투자 시뮬레이션을 하고 공모전을 열어 시상한다. 투자 동아리는
재테크에 대한 대학생들의 지대한 관심을 보여 주는 한 사례이다. 몇몇 대학생 동아리는
증권업계의 마케팅 대상이 되어 실제 기업으로부터 다양한 교육 및 지원을 받기도 한다.

미래가 중요해 vs. 현재가 중요해

- **대학생들의 금전관리 현황조사**

  2009년 심층면접(In - depth Interview): 금전관리 계획을 세우고 소비지출을 하는 대학생 1명, 금
  전관리 계획을 세우지 않고 소비지출을 하는 대학생 1명

(1) 한 달 용돈은 어떻게 사용하시는 편인가요?

－계획지출 학생

"음 매달 계획을 해서 돈을 사용하는 편이에요……. 그런데 솔직히 학생이기 때문에 별로 계
획할 여지가 많진 않아요. 일단 용돈에서 식비, 교통비, 학교 관련 비용을 제외하고 나면 제가
계획해서 쓸 수 있는 돈이 얼마 남지 않거든요. 한 15만 원 정도? 그중에 5만 원은 저축하고
요. 나머지 한 10만 원 중에서 3만 원 정도는 혹시 몰라서 일단 남겨두고…… 7만 원 정도
가지고 필요한 옷이나 화장품 같은 걸 사고…… 영화가 보고 싶으면 영화를 보기도 하고, 친
구 만날 때 쓰기도 하고…… 그렇죠."

－비계획지출 학생

"돈을 어떻게 쓰냐고요? 매달 달라서 뭐라고 말하기가 힘든데…… 뭐…… 식비나 차비 같
은 것도 그 달에 친구를 얼마나 만나느냐, 어딜 얼마나 다니느냐에 따라서 다르니까요. 굳이 나
누려면…… 음…… 꼭 나눠야 되나요? 그냥 다 자유비용인 것 같은데……."

구 분	계획지출 학생	비계획지출 학생
한 달 용돈	300,000원 (전액 부모님 지원)	600,000원 (부모님 지원 200,000원, 아르바이트 400,000원)
비목별 평균 지출비용	식　　비: 70,000원 교 통 비: 60,000원 학교관련: 20,000원 저　　축: 50,000원 자 유 비: 70,000원 기타잡비: 30,000원	자유비용: 600,000원

(2) 금전관리 Q&A

계획지출 학생	비계획지출 학생
Q 용돈을 월초에 미리 계획해서 쓰는 이유는? **A.** 계획 없이 쓰게 되면 너무 돈을 막 쓰게 돼서 나중에 꼭 필요한 걸 못 사는 경우가 생겨서요.	**Q** 용돈을 그냥 쓰면 돈이 모자라거나 할 땐 없어요? **A.** 뭐 특별히 없는 것 같은데……. 그리고 뭐 없으면 안 쓰면 되니까요.
Q 사용하는 용돈은 충분한가? **A.** 음…… 잘 나눠서 쓰면 모자라지는 않은데 충분하냐고 물어보면 그렇다고 하기는 좀 힘들어요.	**Q** 용돈은 주로 어디에 써요? **A.** 친구들 만나거나 공연 보거나 전시회 같은 것도 보고, 필요한 거 있음 사기도 하고요.
Q 용돈이 충분치 않은데 매달 일정액을 저축하는 이유는? **A.** 어차피 그거 더 쓴다고 풍족해지는 것도 아니고요. 모으면 나중에 꼭 필요할 때 잘 쓸 수 있을 것 같아서요.	**Q** 본인이 쓰고 있는 용돈 액수가 대학생 평균 용돈 액수보다 상당히 많다는 건 알고 있나요? **A.** 음…… 친구들보다 많이 쓰긴 하죠. 친구들보다 아무래도 사람도 더 많이 만나고 공연 같은 것도 자주 보니까요. 그런데 그게 나쁜 건 아니잖아요.
Q 목적이 있어서 모으는 거예요? **A.** 음…… 4학년 되면 1년 정도 학원을 다녀야 될 것 같아서 학원비로 쓰려고요. 부모님한테 손 벌릴 상황이 아니라…….	**Q** 용돈을 벌어서 쓰는 것 같은데 그렇게 다 쓰면 아깝지 않아요? **A.** 쓰려고 버는 거니까 별로 아깝진 않아요. 부모님이 주신 용돈만으로는 여러 가지 못하는 게 많아서…….
Q 비상금이 많이 없는 것 같은데 친구들 만날 때 곤란하거나 하진 않아요? **A.** 뭐 그런 건 없어요. 막 비싼 걸 먹으러 가거나 하진 않으니까. 그런 건 나중에 회사 다니면서 할 수 있는 거고, 쿠폰 같은 거 잘 활용하면 돈 많이 안 들어요.	**Q** 어떤 걸 못 해요? **A.** 공연 보는 걸 좋아하는데 그런 것도 보기 힘들고, 사람들 만날 때도 학교 앞에서 만날 때야 상관없지만, 사람들을 꼭 학교 앞에서만 만나는 것도 아니고…….
Q 용돈을 그냥 막 쓰고 싶은 생각은 안 들어요? **A.** 물론 그런 생각이 들 때가 절대 없는 건 아니지만 그래도 나중을 생각하면 지금 조금 부족한 것 같아도 괜찮아요. 사실 솔직히 별로 부족한 것도 아니고요. 당장 옷이나 화장품 좀 안 사고, 영화 좀 안 보고, 학원 다녀서 꿈을 이루는 데 도움이 되면 음…… 그게 더 중요하고, 저한테도 더 좋은 일이니까요. 그래서 통장 보면 정말 뿌듯해요.	**Q** 미래를 위해서 저축하고 싶은 생각은 안 들어요? **A.** 저는 대학 때 가능하면 많은 경험을 하고 싶어요. 아는 선배들 봐도 일단 직장 가면 바빠서 일 외에는 달리 뭘 잘 못하더라고요. 그래서 대학생이고 시간 많을 때 공연도 많이 보고, 책도 많이 읽고, 맛있는 것도 많이 먹고, 사람들도 많이 만나고 하려고 해요. 그게 더 좋지 않나요?

 **대학생, 무엇을 먹고 마시나**

대학생 소비자는 다른 무엇보다 먹고 마시는 데 많은 돈을 쓴다. 그러나 아침을 먹는 비율은 응답자의 1/4 정도에 불과하다. 대신 상대적으로 외식을 많이 한다. 술을 마시는 학생은 90% 이상이고 담배를 피우는 학생이 약 1/5이다. 그들은 어디에서 무얼 먹고 어디에서 누구와 술을 마실까?

　최근 좋지 않은 경제상황이 지속되면서 경기에 둔감한 주변의 많은 친구들이 소비를 줄이고 있다. 커피값을 줄이고 학교 밖 상점에서 스파게티를 먹는 대신 맛이 없더라도 값싼 학교식당을 이용한다. 반면 심각한 취업난을 대비해 자신에 대한 투자를 아끼지 않는다. 아침에 일찍 와서 도서관에 자리를 잡고 공강 시간마다 도서관으로 달려가 토익책을 펴 든다(……라기보다 펴 들고 싶다).

　그러나 학점을 고민하고 진로를 고민하다가 결국은 수업이 끝나고 잠깐 도서관을 떠나면 그것이 바로 저녁식사와 유흥으로 이어지는 경우가 많다. 그렇다고 유흥을 마음껏 즐기는 것도 아니다. 우리는 우리의 불확실한 앞날을 고민하느라 술을 마신다. 경제가 어렵고 취업도 어렵고 학비조달도 어렵다. 요즘은 학교에서도 상대평가를 하니 학점관리도 쉽지 않다. 그뿐이랴! 학과 공부는 물론이고 영어도 해야 하고 공모전 준비도 해야 한다. 학점과 진로와 미래의 불투명한 생활 때문에 많은 노력을 해야 하는데 마음대로 안 되니 고민이 많을 수밖에…… 앉아서 건전하게 앞날을 고민하고 대화를 나누다 보면 고민이 더 깊어져 술을 안 마실 수 없다. 말로는 당장 학원을 다니거나 자격증 공부를 시작해야겠다고 하지만 친구들과 고민을 토로하느라 한잔 하다 보면 왜 시간은 그리 빨리 가는지.

술 마시는 학생들의 모습

결국은 아침에 일찍 와서 맡아 놓은 도서관에 별로 앉아 보지도 못하고 다시 집에 가서 책 한번 펴 보지 않고 잠드는 피곤한 생활이 되풀이된다.

우리가 고민한다는 건 분명하다. 2009년 대한민국의 대학생들이 고민이 없다면 이상하지 않겠는가? 우리는 우리 자신의 앞날에 대해, 우리의 정치와 사회문제에 대해 그리고 세계정세에 대해 고민한다. 그런데 고민이 많아서 계속 고민을 하다 보면 도서관에 가게 되는 게 아니라 술자리에 가게 된다. 책에서 고민에 대한 해답을 얻을 수 있을까? 그건 아닌 것 같다. 그렇다면 술자리에서 그 해답을 얻을 수 있을까? 그것도 아닌 것 같다. 그렇지만 고민이 많은 대학생에게 더 위로가 되는 장소는 도서관이 아니라 호프집이다. 왜지?

1) 식사

예전에 아침을 거르지 않는 학생들의 성적이 아침을 거르는 학생들의 성적보다 높았다는 한 조사결과가 발표된 적이 있다. 그렇다면 대학생들은 각 끼니를 얼마나 잘 챙겨 먹고 있을까? 끼니별로 식사여부를 알아본 결과 아침을 꼭 먹는다는 응답자는 **26%**, 점심은 **48.8%**, 저녁은 **48.1%**였다. 다시 말해 점심과 저녁은 거의 절반의 응답자가 꼭 먹고 있으나 아침을 꼭 챙겨 먹는 응답자는 1/4 정도에 불과하다는 것이다. 아침이 성적과 상관이 있다는 앞의 내용이 사실이라면 아직도 공부해야 할 것이 많은 대학생들의 경우 이 수치는 매우 걱정스러운 값이다. 아침을 거의 안 먹거나 아예 안 먹는다고 응답한 응답자도 **33.1%**이다. 반면 점심과 저녁을 거의 안 먹거나 아예 안 먹는다는 응답은 모두 합해 **5%**를 넘지 않았다.

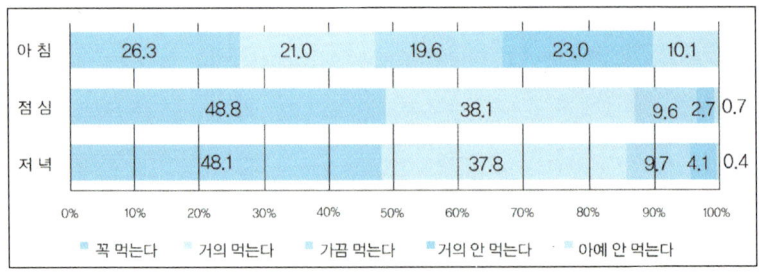

〈그림 Ⅲ-8〉 끼니별 식사여부

대학생들이 주로 먹는 아침식단은 일반가정식(63.0%)이 가장 많았다. 그다음이 빵류(15.9%), 우유나 주스 등 음료(10.2%) 순이다. 성별에 따른 차이를 비교해 보면 남학생은 여학생에 비해 일반가정식을 먹는 비율이 높았고, 여학생은 남학생에 비해 우유나 주스 등 음료, 과일류를 먹는 경우가 더 많다.

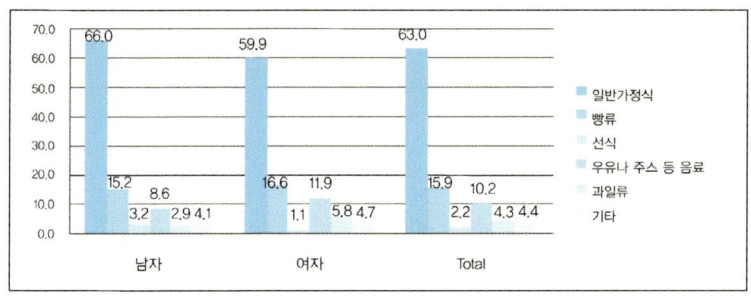

〈그림 Ⅲ-9〉 아침식단 종류

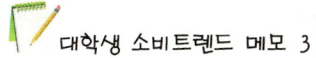
대학생 소비트렌드 메모 3

꼭 밥을 먹어야 되나요

오늘 아침 늘 그렇듯 집에서 키위 두 개를 갈아서 마시고 나왔다. 학교에서 수업을 듣다 보니 어느새 점심시간. 학교식당에 갔더니 메뉴가 스파게티와 한식이다. 한식 반찬은 오이와 도라지 무침 그리고 고등어조림이다. 반찬이 모두 싫어하는 것들뿐이어서 스파게티를 먹었다. 수업을 듣고 저녁에는 친구들과 모임을 갖기로 했다. 뭘 먹을까 고민하다가 학교 앞에 새로 생긴 치킨집에 갔다. 집에 들어가니 엄마께서 "오늘 저녁밥은 먹었니?" 라고 물어보신다. "치킨 먹었어요"라고 대답했다. 그랬더니 엄마께서 그게 저녁이 되냐며 밥을 차려 줄까 물어보신다. "배부른데 밥을 왜 또 먹어?" 생각해 보니 가끔 집에서 치킨을 시켜 먹은 후 아빠께서 허전하다며 밥을 또 드시던 것 같다. 언마, 아빠는 밥을 안 먹으면 뭘 먹어도 허전하다고 하는데 왜 그렇지? 꼭 밥을 먹어야 하나?

2) 외식

대학생 소비지출의 가장 많은 부분을 차지하는 것이 밥값이다. 실제 오늘날의 대학생들은 아침을 제외하고는 집에서 식사를 하는 경우보다 밖에서 해결하는 경우가 더 많은 것처럼 보인다. 학교에서 수업을 끝내고 도서관에서 영어공부를 계속하거나 친구들과 모임을 갖거나 해야 할 경우가 많기 때문이다. 집 밖에서 식사를 해결해야 할 경우 그들은 어디에서 무엇을 얼마나 먹고 있을까?

학교식당에서 점심을 먹는 것 이외의 외식 빈도를 질문한 결과, 1주일에 1~2회 정도 외식을 한다는 응답이 가장 높았다. 다음은 일주일에 3~4회, 한 달에 2~3회, 거의 매일, 거의 안 함 순이었다. 평균 외식횟수는 1.9회였는데 거의 매일 외식한다고 답한 응답자가 15%, 일주일에 3~4회 이상 외식한다는 응답자가 35.3%나 되었다. 성별로 비교하면 일주일에 3~4회 이상 외식을 한다고 한 응답자가 여학생은 43.6%였고 남학생은 35.3%로 여학생이 남학생에 비해 10% 이상 높았다. 하지만 거의 매일 외식한다는 비율은 남학생이 여학생보다 다소 높았다.

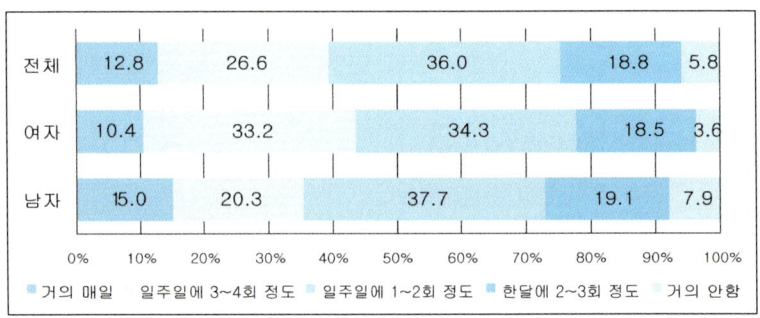

〈그림 Ⅲ-10〉 외식횟수

대학생들이 외식할 때 가장 좋아하는 음식 종류는 한식이다. 그다음은 일식, 양식, 분식/패스트푸드, 중식, 기타의 순이었다. 젊은이들의 입맛이 서구화되고 있음에도 불구하고 부모들이 해 준 한식(밥)을 먹고 자랐기 때문에 한식에 대한 선호도가 가장 높은 것으로 나타났다. 성별로는 남학생이나 여학생 모두 한식을 가장 선호했고, 여학생은 남학생보다 양식, 일식, 분식/패스트푸드를 남학생은 여학생보다 한식과 중식을 상대적으로 더 선호하였다. 여학생들이 양식과 일식을 좋아하는 이유는 그곳에 주로 여학생들이 선호하는 스파게티나 초밥 등의 메뉴가 있어서이기도 하지만 분위기가 한식이나 중식 음식점에 비해 더 좋기 때문이기도 하다.

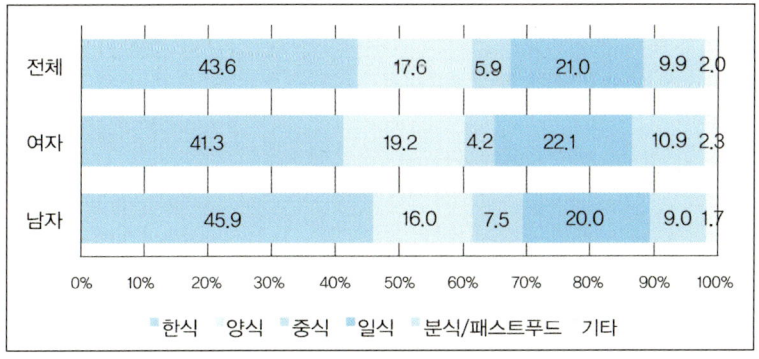

〈그림 Ⅲ-11〉 선호하는 외식 종류

음식종류별로 선호하는 메뉴를 살펴보면, 대학생들이 가장 좋아하는 메뉴는 한식에서는 삼겹살, 양식에서는 스파게티, 중식에서는 자장면, 일식에서는 스시 그리고 분식에서는 햄버거이다. 그러나 같은 한식이나 양식을 좋아하더라도 남녀가 좋아하는 세부 메뉴는 차이가 있다. 한식의 경우 남학생은 삼겹살을 가장 좋아하는 데 비해, 여학생은 갈비를 가장 좋아한다. 양식에서 남학생은 스테이크를 가장 좋아하고 여학생은 스파게티를 가장 좋아한다. 분식/패스트푸드 종류 중

대학가 음식점들

에서는 남학생의 경우 햄버거를 가장 선호했고, 여학생은 떡볶이를 가장 선호하였다. 그러나 중식에서는 남학생, 여학생 모두 자장면을 가장 선호한다고 하였고, 일식에서도 남녀 모두 스시를 가장 선호한다고 응답하여 성별 차이가 나타나지 않았다.

이처럼 외식메뉴에 대한 성별 선호가 다른데 대학생 남녀가 같이 데이트를 하기 위해 외식을 할 경우 그들은 어디로 가서 무엇을 먹을까? 대학생 시기에 외식장소와 메뉴 선택의 주도권을 쥐고 있는 것은 단연 여학생이다. 한 남학생은 다음과 같이 대답하였다.

> "일단은 여자친구가 좋아하는 데로 가야죠. 외식을 한다는 것이 꼭 한 끼를 때우는 데 목적이 있는 것만은 아니잖아요. 같이 시간을 보내자는 거니까 음식보다는 분위기를 봐야죠. 레스토랑 가서 비싼 돈 주고 스파게티 국수 몇 가락 먹고 나면 속으로야 차라리 라면이 낫겠다 싶기도 하지만 친해지기 전까지는 여자친구한테 맞춰 주어야 하니까 할 수 없잖아요. 뭐 친해지면 나중에는 같이 삼겹살집에 가지만요."

<표 Ⅲ-3> 음식종류별 선호메뉴

순위	한 식	양 식	중 식	일 식	분식/패스트푸드
1	삼겹살	스파게티	자장면	스 시	햄버거
2	김치찌개	스테이크	탕수육	사시미	떡볶이
3	갈 비	양식돈까스	짬 뽕	일식돈까스	피 자
4	된장찌개	피 자	볶음밥	스시롤	순 대
5	불고기	바베큐폭립	깐풍기	우 동	라 면

외식장소 선택 기준에서는 뭐니 뭐니 해도 전체적으로 맛이 가장 중요하다. 응답자의 60% 이상이 음식 맛을 가장 중요한 요인으로 꼽았다. 그다음으로 남학생은 음식 가격과 음식점 분위기가, 여학생은 음식점 분위기와 메뉴의 다양성이 중요하다고 응답하였다. 남학생은 가격을, 여학생은 분위기를 상대적으로 더 중시함을 알 수 있다. 요즘 대학생들은 예전과는 달리 남녀가 같이 외식하는 경우 식비를 함께 부담하는 경우가 많다. 하지만 아직도 남학생이 상대적으로 많은 부담을 지고 있는 것이 사실이다(한 대학생은 남녀의 외식비 부담비율을 대체적으로 6:4 또는 7:3 정도라고 보면 된다고 귀띔하였다). 특히 만남 초기에는 남학생이 식사비 전액을 부담하는 경향이 더 높다고 한다.

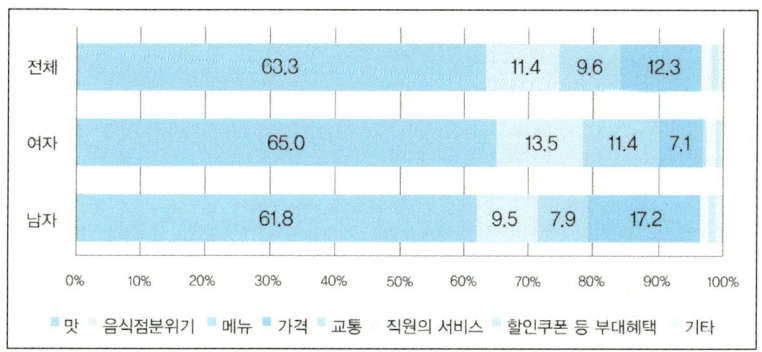

<그림 Ⅲ-12> 외식장소 선택 기준

외식을 할 때 1회당 외식비는 1인당 평균 13,373원이다. 이는 대학생들이 많이 가는 패밀리 레스토랑에서 스파게티를 먹거나 삼겹살 1.5인분 정도를 먹을 수 있는 액수에 해당한다. 이 대답으로 미루어 보건대 대학생들이 외식액수를 계산하기 위해 떠올리는 음식은 분식점 떡볶이나 된장찌개류가 아닌 양식이나 일식류일 것임을 짐작할 수 있다. 성별로 외식비를 비교해 보면 남자가 여자에 비해 회당 천원 정도 더 많은 금액을 지출하고 있다. 학년별로는 1학년 때를 제외하면 남학생은 학년이 높아질수록 더 적은 돈을 쓰는 데 비해 여학생들은 학년이 높아질수록 더 많은 돈을 쓰는 경향을 보인다. 특히 2학년 시기에 남녀의 외식비 차이가 가장 두드러진다.

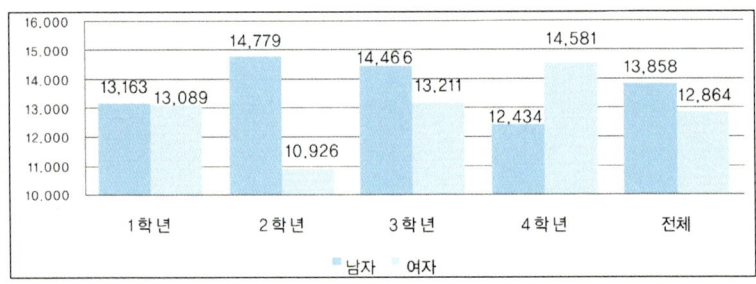

〈그림 Ⅲ-13〉 성별, 학년별 1회 외식비

대학생들이 외식을 하는 목적은 끼니해결(41.0%), 친목도모(30.4%), 기분전환(24.0%), 축하나 기념행사(3.2%), 기타(1.2%)의 순서였다. 외식이 기본적으로는 한 끼를 해결하기 위한 것임에도 불구하고 끼니를 해결하기 위해서라기보다 친목도모나 기분전환 같은 다른 사유로 외식하는 경우가 적지 않음을 볼 수 있다. 우리 사회에서는 상대에 대한 관심이나 호의를 표현하거나 사람과의 관계를 맺기 위한 수단으로 식사를 같이하는 경우가 많다. 즉, 같이 만나 그냥 이야기만 하기보다는 밥을 먹고 술을 마심으로써 비공식적으로 같은 경험을 공유하고 서로에 대한 호의를 표현하는 것이다. 한 남학생은 낯선 사람이 만나 친해지는 과정을 다음과 같이 표현하였다.

> "일단 상대가 마음에 들면 차 한잔 같이하자고 그러죠. 목이 말라서가 아니고 시간을 같이 보내자는 거잖아요. 그리고 상대가 마음에 들면 다음엔 밥 한번 같이 먹고요. 더 친해지려면 술 한잔 같이해야죠. 이건 남학생끼리의 관계에서도 마찬가지예요. 일을 할 때 차를 마시는 건 그냥 최소한의 시간을 안배한다는 얘기고, 술을 같이한다는 건 속마음을 터놓을 준비가 돼 있다는 시그널을 보내는 거죠."

남학생은 여학생에 비해 끼니 해결을 위해 외식하는 경우가 많았고, 여학생은 남학생에 비해 기분전환을 목적으로 외식을 하는 경우가 많은 것으로 나타났다.

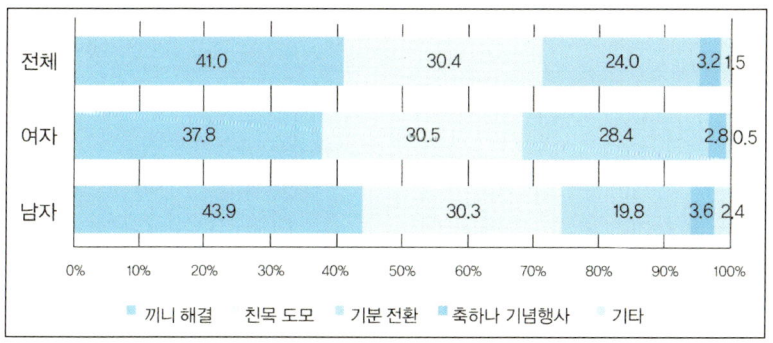

〈그림 Ⅲ-14〉 외식목적

패스트푸드와 패밀리 레스토랑은 그 어느 집단보다 대학생 집단의 선호도가 높은 곳이다. 대학생들이 선호하는 패스트푸드나 패밀리 레스토랑 브랜드는 그 브랜드의 성쇠를 비교적 정확하게 예측한다. 대학생이 가장 선호하는 패스트푸드 브랜드는 맥도날드(38.9%), 버거킹(22.9%), KFC(19.8%), 롯데리아(11.5%), 파파이스(5.2%)의 순서로 나타났다. 맥도날드는 이 조사와 유사한 2006년과 2007년 조사에서 버거킹에 이어 2위였다. 대학생들은 맥도날드의 부상 이유를 '3,000원 런치메뉴'와 '대학생들이 저렴한 가격에 커피를 즐길 수 있는 맥카페', '24시간 운영' 등이 어필했기 때문이라고 설명하였다. 패밀리 레스토랑 브랜드의 경우는 아웃백(44.0%), 빕스(23.0%), 베니건스(13.1%), TGI Friday(7.1%), 마르쉐(4.6%)의 순서였다.

〈표 Ⅲ-4〉 선호 패스트푸드/패밀리 레스토랑 브랜드

순위	선호 패스트푸드 브랜드	선호 패밀리 레스토랑 브랜드
1	맥도날드	아웃백
2	버거킹	빕스
3	KFC	베니건스
4	롯데리아	TGI Friday
5	파파이스	마르쉐

3) 주류

  우리나라의 술 소비량은 세계적인 수준이다. 대학생들도 예외가
아니어서 신입생 오리엔테이션부터 개강파티와 종강파티, 동아리모
임, 봄·가을 축제 어디에서도 술이 빠지지 않는다. 특히 미성년자 딱
지를 떼고 대학에 입학한 1학년과 2학년 남학생들의 음주빈도가 가
장 빈번하다. 조사대상이 된 대학생들은 1주일에 평균 1.59회의 음주
를 하고 있었다. 남학생은 일주일에 평균 1.8회, 여학생은 평균 1.3회
술을 마신다고 답하였다. 성별, 학년별로 음주횟수를 비교해 보면 남
학생은 1학년 때에는 1.98회로 1.26회인 여학생보다 음주빈도가 잦으
나 학년이 올라갈수록 빈도가 줄어드는 반면 여학생은 1학년 때에는
일주일 평균 1.26회 음주를 하다가 4학년 때는 여학생이 1.71회로 학
년이 올라갈수록 음주빈도가 증가한다. 특히 4학년의 경우 여학생은
일주일에 평균 1.71회 술을 마셔 1.49회인 남학생보다 술 마시는 횟수
가 더 잦아진다.

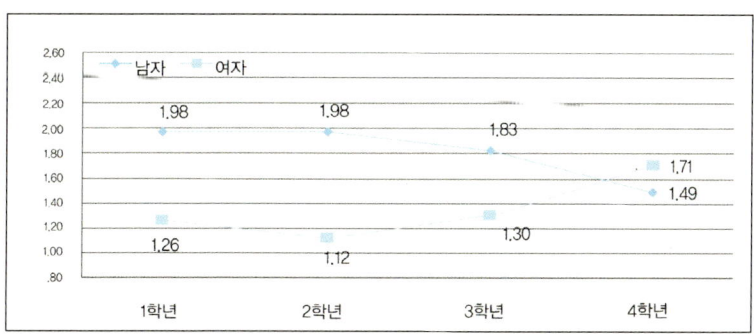

〈그림 Ⅲ-15〉 성별, 학년별 음주횟수(1주 기준)

대학생들의 평균 주량은 어느 정도일까? 전체적으로 평균 주량을 소주로 환산하여 응답하게 한 결과 '소주 한 병 정도'라는 응답이 25.6%로 가장 높았으며 그다음은 소주 반병 정도(21.6%), 소주 1.5병 정도(17.6%), 소주 2병 이상(16.4%), 소주 1~2잔 정도(13.0%), 전혀 안 마심(5.8%)의 순서를 보였다. 성별로 비교하면 남학생의 경우가 소주 1.5병 이상인 응답자 비율이 여학생에 비해 높았고 특히 소주 2병 이상이라고 응답한 경우는 여학생과 20% 이상 차이가 났다. 여학생은 전혀 안 마시는 경우가 남학생에 비해 많았고, 주량이 소주 한 병 이하라고 응답한 응답자의 비율도 남학생에 비해 높았다.

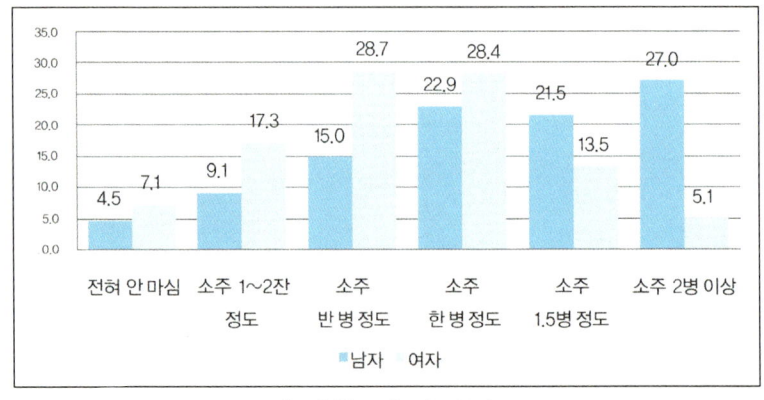

〈그림 Ⅲ-16〉 평균 주량

대학생들이 술을 마시는 가장 큰 이유는 남녀 모두 사람들과 어울리기 위해서이다. 술이 좋아서 마신다는 응답은 남학생의 경우 11.2%, 여학생의 경우 3.6%에 지나지 않았다. 앞의 외식 부분에서 살펴본 것과 마찬가지로 술도 그 자체를 마시는 게 목적이라기보다 사람들과 어울리기 위한 수단이 되고 있음을 알 수 있다.

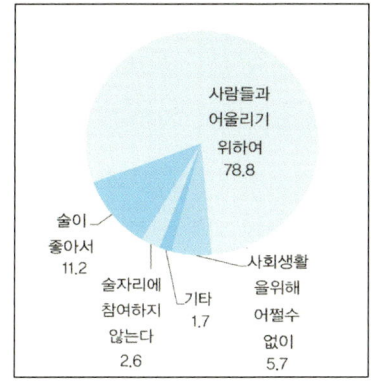
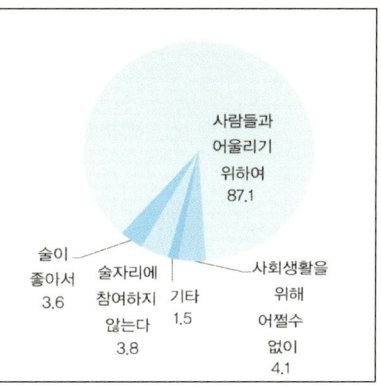

〈그림 Ⅲ-17〉 남자 대학생의 음주 이유　　　〈그림 Ⅲ-18〉 여자 대학생의 음주 이유

　　대학생들의 음주는 지나친 경우 학업과 일상생활에 지장을 준다. 응답자들에게 대학에 진학한 이후 음주로 인해 학교에 결석한 경험이 있는지 질문한 결과 35.9%가 '그렇다'고 응답하였다. 남학생이 여학생에 비해 음주로 인한 결석 경험이 많았고 남학생 중 8.2%는 이런 경험이 '자주 있다'라고 답하였다.

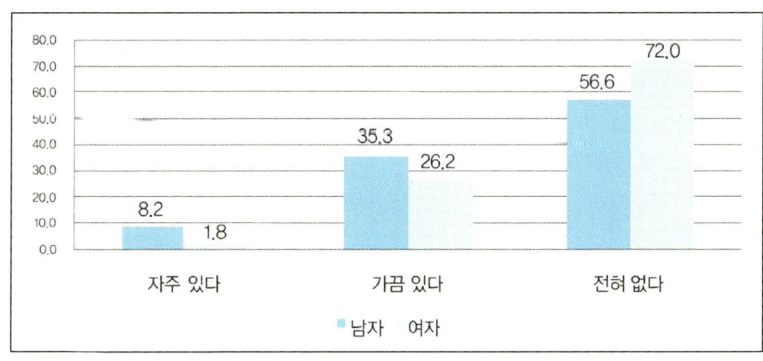

〈그림 Ⅲ-19〉 음주로 인한 결석 경험

다음에는 대학생들이 좋아하는 맥주와 소주의 선호 브랜드를 알아 보았다. 좋아하는 맥주 브랜드를 직접 기입하게 하여 분석한 결과는 <표 Ⅲ-5>와 같다. 대학생들이 가장 좋아하는 맥주 브랜드는 카스 (22.3%)였고, 그다음은 하이트(19.3%), 하이네켄(7.5%), 호가든(6.8%), 카프리(4.8%)의 순서로 나타났다. 국내 브랜드에 대한 선호가 높기는 하나 수입산 맥주 브랜드에 대한 선호도도 전체적으로 49.6%로 나타 나 적지 않음을 알 수 있다. 대학생들이 선호하는 소주 브랜드는 참이 슬(50.6%), 처음처럼(20.7%), 참이슬 Fresh(8.4%), 진로(5.2%), J(1.8%)의 순이었다.

〈표 Ⅲ-5〉 선호 주류 브랜드

순위	선호하는 맥주 브랜드	선호하는 소주 브랜드
1	카스	참이슬
2	하이트	처음처럼
3	하이네켄	참이슬 Fresh
4	호가든	진로
5	카프리	J

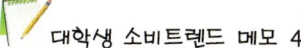

술 권하는 사회

일시: 2009년 5월 6일 오후 대학원 수업 〈소비자 트렌드 분석〉 시간
장소: 강의실
토론 주제: 여학생 음주 트렌드

교수: 여기 있는 여학생들은 주량이 얼마나 되나요?
학생 1: 저는 반병 정도.
학생 2: 저는 한두 잔.
학생 3: 저는 사회적 주량 수준이요.
교수: 사회적 주량? 사회적 주량이라면?
학생 모두: 소주 한 병 정도를 말하죠!
교수: !!!

4) 흡연

성인사회에서는 요즘 금연바람이 불고 있다. 유명 코미디언이 폐암으로 사망한 것을 계기로 공공건물에서 금연이 의무화되고 금연을 권고하는 캠페인과 금연보조제가 개발되고 있다. 이런 상황에서 대학생들의 흡연실태는 어떠할까? 대학생 전체 응답자 중 22.8%가 흡연을 한다고 응답하였다. 남학생의 경우 전체의 1/3이 넘는 37.5%가, 여학생의 경우는 7.1%가 현재 흡연을 하고 있다. 실제로 캠퍼스에서는 실내 흡연이 금지되어 있음에도 불구하고 화장실이나 건물 로비 또는 캠퍼스 벤치 등에서 남녀 학생들이 담배를 피우는 모습을 쉽게 목격할 수 있다.

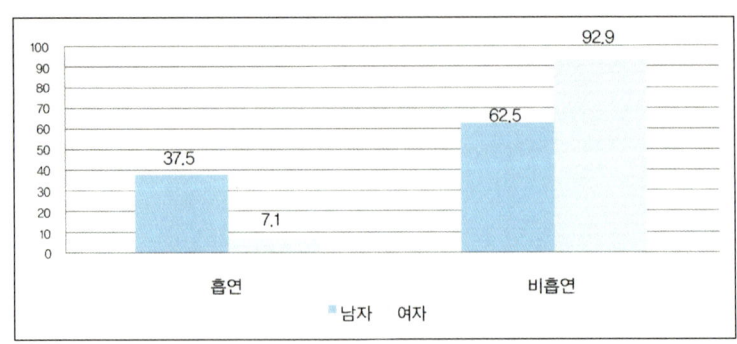

<그림 Ⅲ-20> 흡연 여부

응답자들이 언제 흡연을 시작하게 되었는지 그 시기를 보면 '고등학교 때부터'라고 응답한 비율(38.9%)이 가장 높았고 '대학입학 후'가 36.8%, '중학생 때부터'가 22.7%, '초등학생 때부터'가 1.6%였다. 현재 흡연자의 경우 대학에 오기 전 어린 나이부터 흡연을 시작한 경우가 63.2%로 대학에 진학한 후 흡연을 시작한 경우보다 훨씬 많다. 특히 여학생의 경우 중학교 때부터 흡연을 시작한 비율이 35.7%로 남학생의 20.4%에 비해 높게 나타났으며 남학생의 경우 대학입학 후 흡연을 시작했다는 응답이 38.9%로 여학생의 25%에 비해 높았다.

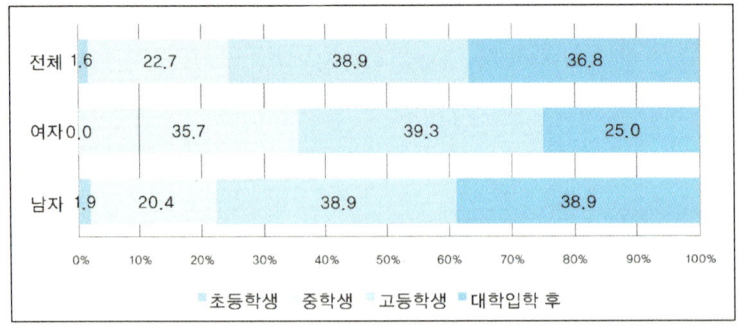

<그림 Ⅲ-21> 흡연 시작시기

대학생들의 일일 흡연량은 하루에 '반갑~1갑 미만'이 가장 많아 50.3%이다. 여학생의 경우 하루에 '반갑 미만'이라는 응답이 75.0%로 가장 많았고 남학생의 경우 하루에 '반갑~1갑 미만'이라는 응답이 55.5%로 가장 높았다.

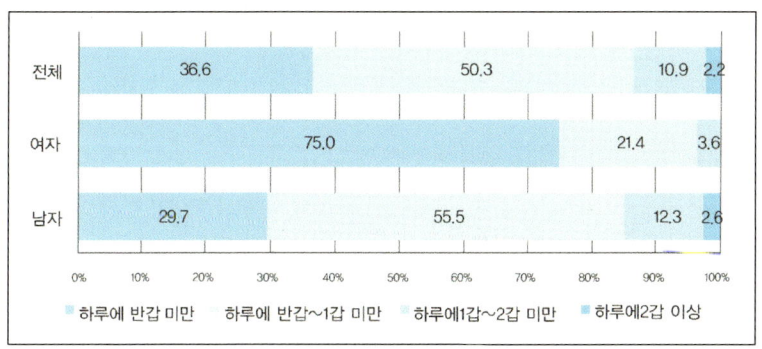

〈그림 Ⅲ-22〉 일일 흡연량

흡연을 하는 이유는 습관이 돼서(60.3%)가 가장 많았고, 그다음이 심리적 안정을 찾기 위해(29.3%), 기타(5.4%), 다른 사람과 어울리기 위해서(4.9%)라고 응답하였다. 성별로 비교하면 여학생이 다른 사람들과 어울리기 위해 담배를 피운다는 사람이 하나도 없는 데 반해 남학생은 응답자의 5.8%가 다른 사람들과 어울리기 위해 담배를 피운다고 응답하였다.

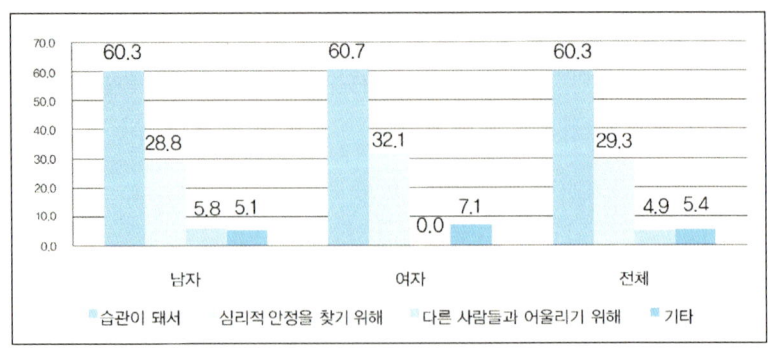

<그림 Ⅲ-23> 흡연 이유

　　금연경험을 파악한 결과, 금연을 결심했으나 실패한 경험이 있다
는 응답자가 **50.0%**였고, 응답자의 **26.6%**는 금연을 결심한 적이 없고,
23.4%는 한때 금연에 성공한 경험이 있다고 응답하였다. 성별로 살펴
보면 실패한 경험은 남학생과 여학생이 모두 **50%**로 동일했지만 여학
생은 금연에 성공했던 경험이 남학생보다 많았고, 남학생은 금연하려
고 해 본 적 없다는 응답이 여학생에 비해서 **20%p** 가까이 많은 것을
알 수 있다.

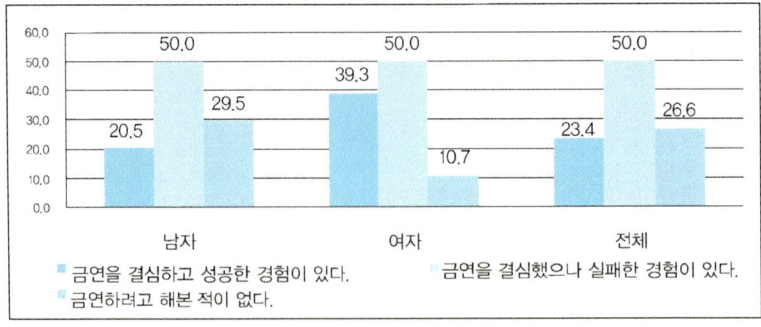

<그림 Ⅲ-24> 금연경험 여부

대학생들이 가장 선호하는 담배 브랜드는 말보로로 32.4%였고 그 다음은 던힐(22.1%), 디스(9.2%), 레종(7.6%), 마일드세븐(6.5%)의 순으로 나타났다. 디스와 레종이 선호 브랜드 순위 안에 들기는 했지만 대부분의 대학생 흡연자들은 수입 브랜드(72.4%)를 더욱 선호한다.

〈표 Ⅲ-6〉 선호담배 브랜드

순위	선호하는 담배 브랜드
1	말보로
2	던힐
3	디스
4	레종
5	마일드세븐

아침식사를 거르는 건 일상

아침을 안 먹기, 남학생보다 여학생들이 더 심해
아침식사를 하는 경우에 밥보다 시리얼이나 빵으로 간단하게 때우고 부모님과 함께 살지 않는 경우 더 심각

- **아침식사에 대한 소비자행태**
  2009년 5월 집단심층면접조사(Focus Group Interview): 2그룹(남학생 8명, 여학생 8명)

(1) 아침식사 여부

대학생들은 아침식사를 하지 못한다는 경우가 대부분이었는데 남학생들에 비해 특히 여학생들이 그렇다. 아침식사를 하지 못하는 이유는 매우 다양하나 가장 보편적인 이유는 대개 지난밤 늦게까지 무언가를 하다가 늦잠을 자서 "아침식사를 할 시간이 부족하기 때문"이다. 남학생들은 수업시간에 쫓겨 아침식사를 하지 못하는 경우가 많은 반면, 여학생은 학원을 가거나 화장을 해야 하기 때문에 식사를 거른다. 특히 아무리 시간이 없어도 머리를 감고 화장을 해야 집 밖으로 나서는 여학생들은 단장하는 데 드는 30분을 줄일 수 없기 때문에 10분이면 해결할 수 있는 아침식사를 포기한다. 이외에도 아침식사를 하지 못하는 이유는 다음과 같다.
- 다이어트를 하기 위해서 일부러 굶는다.
- 기숙사에 사는데 밥이 맛이 없다. 혼자 사는데 귀찮아서 그냥 넘긴다.
- 아침에는 밥맛이 없어서 안 넘어간다.

(2) 아침식사: 무엇을 어떻게 먹는가?

남학생들은 부모님과 함께 사는 경우 대개 밥을 먹는다. 그러나 혼자 살 경우 김밥이나 국밥 등 한 번에 먹을 수 있는 단품메뉴를 선택한다. 여학생들은 밥도 먹지만 시리얼이나 빵, 과일 등 그때그때 주어지는 대로 먹는다는 경우가 많다. 일부는 학교에 와서 도넛과 커피 또는 샌드위치 브런치로 아침과 점심을 함께 해결하기도 한다. 아침식사 때 원하는 메뉴로는 부모님과 함께 살지 않는 경우에는 집에서 해 주시는 형태의 가정식을, 부모님과 함께 살고 있는 경우에는 밥이 아닌 서양식 메뉴를 선호하였다.

외식 is Special Entertainment with Food

외식이란 레스토랑 같은 데서 서로 어울리기 위해 돈을 좀 내고 먹는 것
일주일에 한두 번 또는 한 달에 한두 번 외식, 외식은 주로 레스토랑에서
외식하는 이유: 특별한 경험을 위해
외식장소 선택: 여학생끼리는 가격, 남학생과는 데이트에 맞는 분위기

● **외식에 대한 소비자행태**
　2009년 집단심층면접조사(Focus Group Interview): 2그룹(남학생 8명, 여학생 8명)

(1) 외식에 대한 인식

　외식은 말 그대로 집 밖에서의 식사이다. 대학생들은 의미상으로는 어디에서 먹든 조리 서비스
에 대해 돈을 지불하고 먹는 것을 외식이라 생각한다. 그러나 대학생들이 생각하는 진정한 외
식은 학교에서 먹는 점심이나 끼니를 때우기 위해 학교 근처에서 매일 먹는 식사를 제외한 것
으로 다음과 같은 특징을 가진다.
　- 외식은 특별한 경우에 하는 것이다.
　- 외식은 집 밖에서 가족이나 친구들과 어울리는 것을 주목적으로 하는 것이다.
　- 식사가 아닌 술이나 커피를 마시거나 기호식품만 먹는 것은 외식이 아니다.
　- 일상적인 식사보다 조금 더 비싼 것을 먹는 것이다.
　- 음식뿐만 아니라 부가되는 여러 서비스에 대한 가격까지 지불하는 것이다.
　- 집에서 잘 해 먹지 않거나 해 먹을 수 없는 것들을 밖에서 먹는 것이다.
　- 특별한 서비스나 특별한 메뉴, 특별한 대우를 받는 것이다.

(2) 외식 빈도

　남녀를 불문하고 대학생들은 주중에는 집에서 저녁을 먹는 경우가 드물다. 학교에 남아 숙제를
하거나 친구들과 어울려야 하기 때문에 저녁시간에 집에 갈 수가 없어서이다. 그러나 대학생들
이 생각하는 제대로 된 외식 - 단순히 끼니를 때우는 게 주목적이 아닌, 친구와 어울리거나 기
분 전환의 목적이 더 강한 외식 - 의 빈도는 남학생의 경우 보통 일주일에 한두 번 정도이고
여학생의 경우 일주일에 두세 번 정도이다.
　혼자 사는 경우에는 거의 매일 외식을 하기도 하는데 집에서 만들어 먹는 게 귀찮기도 하고
또 비용이 더 들어가는 것 같기 때문이다.

(3) 외식할 때 고려사항

　한 참가자에 의하면 외식은 무언가를 축하하기 위해서이거나 데이트를 할 때 하는 것이다. 따
라서 일상적인 외식에서는 음식의 맛과 가격이 중요한 고려사항이 되지만 특별한 외식에서는
식당의 분위기가 매우 중요하다. 분위기가 좋으면 비싸도 그냥 먹지만 분위기가 좋지 않은 경
우 비싸다고 생각하면 그냥 나와 버린다. 학생들이 기꺼이 돈을 지불하는 좋은 분위기란 무엇
일까?

- 우선은 인테리어. 매장 내외부가 고급스럽고 아늑해야 한다.
- 각 좌석의 프라이버시가 어느 정도 보장되어야 한다.
- 조명이나 음악 등 음식 외적인 요소도 고급스러워야 한다.
- 종업원이 고객을 존중하고 예우해야 한다.
- 오래 앉아 있어도 눈치를 주거나 하지 않아야 한다.
- 종업원이 친절해야 한다.
- 고객이 메뉴나 좌석 등을 선택할 수 있는 여지가 많아야 한다.

3 대학생, 무엇을 입고 꾸미나

대학생들은 인생의 황금기라고 불리는 20대 초반의 연령대. 당연히 자신을 꾸미는 데 많은 관심을 기울일 나이이다. 이들은 화장과 성형과 패션으로 자신의 이미지를 표현해 내는 데 당당하고 익숙하다. 이런 트렌드는 여학생뿐만 아니라 남학생들에게도 적용된다. 대학생들은 메트로섹슈얼 같은 새로운 트렌드를 누구보다 빨리 수용하고 온라인으로 다양한 관련 정보를 얻는다.

서울 소재 모 여대에 재학 중인 L 양. 집 밖을 나서는 순간부터 노출이 시작된다고 생각한다는 L 양은 '집 바깥으로 나서기까지의 시간'이 매우 오래 걸린다. 오늘은 12시에 수업이 시작이라 모처럼 여유 있게 8시에 일어나 외출을 준비한다. **"일단 일어나서 화장하는 데 2시간쯤 걸려요. 화장을 빨리 하면 화장이 잘 안 먹으니까 제대로 화장을 하려면 시간을 넉넉히 잡고 천천히 해야 하거든요."**

스킨에 로션에 영양 에센스와 세럼, 아이크림. 입술용 영양보습제까지 바르고 나서 L 양은 양쪽 손가락 끝으로 얼굴을 가볍게 두드려 주기 시작한다. 팔이 아플 정도로 두드리고 또 두드린다. 두드리면 화장품이 피부에 잘 스며들고 또 마사지 효과까지 있기 때문에 10분은 기본. 그리고 화장 직전에 감은 머리를 말리고 스타일을 잡는 데 10여 분. 생머리라서 그리 긴 시간이 필요한 건 아니다. 끝난 줄 알았던 기초화장, 아직 마무리된 게 아니다. 모공을 축소해 도자기처럼 보이게 해 준다는 프라이머를 바르는 데는 상당한 내공이 필요하다. 두껍게 뭉치거나 밀리면 안 되기 때문. 그 후 다시 살짝 기다려야 한다. 얼굴에 주름이 지지 않도록 표정을 조심하면서 물을 한 컵 마신다. 그리고 본격적인 색조화장을 시작하기 전에 자외선차단제를 바른다. 그리고 뷰러로 속눈썹을 몇 번 올려 주고 나서 이 상태에서 다시 휴식. 신문을 보거나 학교에 갈 가방을 챙긴다.

본격적인 색조화장은 메이크업베이스부터라고 생각한다. 메이크업베이스는 얼굴 전체에 바르지 않고 밝게 강조해야 할 부분에만 바른다. 그리고 파운데이션 바르고 연필 형태의 컨실러로 잡티를 커버한 다음 다시 휴식. 유분기가 가시지 않은 상태에서 파우더를 바르면 뭉치기 십상이다. 방 안에서는 모르지만 햇빛 아래에 서면 내공수준이 드러나기 마련. 파우더를 바르고 볼터치를 하고 콧대를 살려 주는 하이라이터를 T존과 C존에 살짝 발라 준다. 자 이젠 정말 정교함이 요구되는 색조화장 단계. 먼저 속눈썹. 아찔한 눈썹은 청순함과 섹시함을 동시 보정! 뷰러로 올려 둔 눈썹에 눈썹이 처지지 않도록 도와주는 고정 마스카라를 바르고 다시 한 번 뷰러로 고정. 그 위에 약간 푸른색이 도는 볼륨 마스카라를 바르고 다시 반짝이 성분이 들어간 반짝이 마스카라를 덧바른다. 이제 점심때까지 속눈썹 걱정은 끝! 나이 들어 보이니까 아이라인은 과감히 생략. 48색 아이섀도 팔레트를 이용해 아이라인의 느낌을 살린다. 색상을 섞어 나만의 이미지를 창조하는 건 기본이다. 핀셋으로 얼굴에 붙은 솜털과 가루를 하나하나 집어내면 끝.

명품화장을 하고 집을 나서는 그녀의 발걸음은 튀는 팝콘 같다. **"저 별로 화장 많이 한 것처럼 보이지 않죠? 요즘은 이미지가 자산인 시대잖아요. 이렇게 공들여 화장을 하면 내가 정말 명품처럼 느껴져요."**

1) 의류

　대학생들이 식비에 이어 두 번째로 가장 많은 돈을 소비하는 품목은 의류신발비이다. 여학생들의 경우 자신을 꾸미는 데 드는 화장품이나 장신구비를 더하면 실제 입고 꾸미는 데 드는 비용은 25%를 넘어 24%에 못 미치는 식비지출을 뛰어넘는다. 이들은 어디에서 옷을 사고 어떤 패션을 추구할까? 먼저 의류를 구매할 때 주로 이용하는 유통채널을 보면 백화점(32.1%), 온라인 의류판매사이트(22.5%), 의류브랜드대리점(18.1%), 소규모 보세의류점(12.8%), 패션의류쇼핑몰(11.9%)의 순이다. 여학생은 남학생보다 백화점이나 소규모 보세의류점을 많이 이용하고 남학생은 여학생보다 의류브랜드대리점, 패션의류쇼핑몰, 온라인 의류판매사이트를 많이 이용한다.

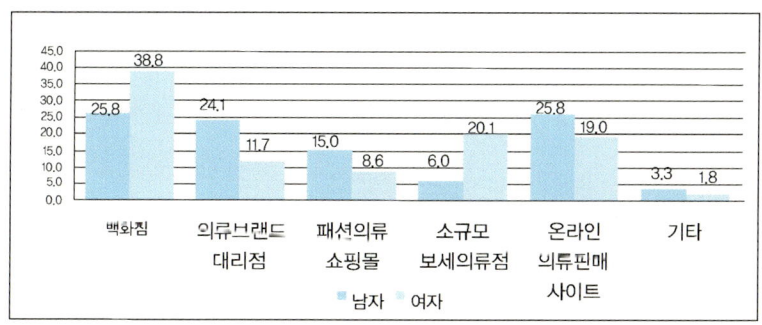

〈그림 Ⅲ－25〉 의류 구매 장소

　의류 구매 시 고려하는 요소를 보면 전체 응답자 모두 디자인(78.1%)이 가장 중요하다고 응답했고, 그다음으로는 가격(9.5%)과 착용감(3.7%)을 꼽았다. 브랜드나 기타 의류 관리상의 편리성 등은 중요도가 상대적으로 높지 않았다. 여학생의 경우 남학생에 비해 디자인이 중요하다는 응답이 더 많았고, 남학생의 경우 여학생에 비해 가격이 중요하다는 응답이 많았다.

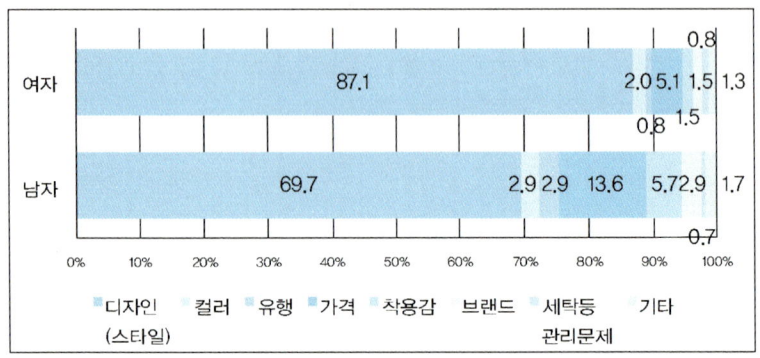

〈그림 Ⅲ-26〉 의류 구매 시 중요시하는 요소

대학생들은 유행에 민감하고 새로운 스타일을 비교적 잘 수용하는 계층이다. 이 대학생들이 가장 선호하는 패션 스타일은 미니멀룩 (24.2%)인 것으로 나타났다. 미니멀룩은 극도로 표현 수단을 자제하고 장식이나 디테일은 감추는 스타일로, 절제하고 베이직에 충실한 스타일을 말한다. 다음은 레이어드룩(19.7%), 페미닌룩(13.9%) 순이었다. 힙합룩을 선호하는 사람은 1.6%로 가장 적었다. 성별로 비교해 보면 남학생은 미니멀룩, 레이어드룩, 스포츠룩, 프레피룩 순서로 선호하는 것으로 나타났고, 여학생은 미니멀룩, 페미닌룩, 레이어드룩, 프레피룩 순서로 선호하는 것으로 나타났다. 남녀 모두에게 비슷하게 인기가 있는 스타일은 미니멀룩과 레이어드룩이었고 선호도가 크게 차이가 나는 스타일은 페미닌룩과 스포츠룩 그리고 빈티지룩이다.

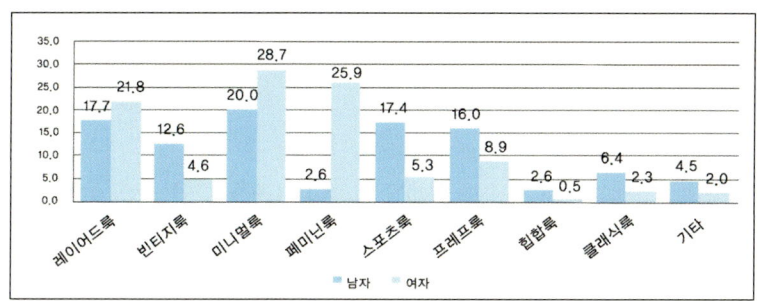

〈그림 Ⅲ-27〉 선호하는 의류 스타일

대학생들이 패션을 통해 추구하는 이미지를 파악하기 위해 7점 의 미분화척도를 이용하여 남녀의 차이를 파악하였다. 전체적으로 대학 생들은 남녀 모두 귀여운 이미지보다 세련된 이미지를, 섹시한 이미 지보다 단정한 이미지를, 파격적인 이미지보다 무난한 이미지를 그리 고 화려한 이미지보다 심플한 이미지를 추구하는 것으로 나타났다. 여학생은 남학생에 비해 세련됨보다 귀여운 이미지와 섹시한 이미지, 화려한 이미지 그리고 유행에 앞서 가는 이미지를 더 추구하였으나 그 차이는 그리 크지 않았다.

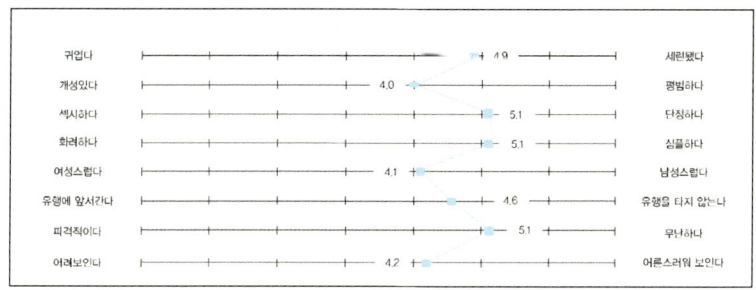

〈그림 Ⅲ-28〉 남녀 대학생이 패션에서 추구하는 이미지

보편화되는 메트로섹슈얼

요즘은 여자 대학생뿐만 아니라 남자 대학생들도 패션과 미에 대한 관심이 매우 높다. 외모보다 마음이 중요하다는 말은 여학생뿐만 아니라 남학생들 사이에서도 이제는 더 이상 공감을 얻지 못한다. 요즘 '착한 남학생' 또는 '고마운 남학생'은 '외모가 곱고 세련된 남학생'과 거의 동의어로 통한다. 그래서 많은 남학생들이 자외선차단제를 빙자한 파운데이션을 바르고 취업을 빌미로 패션에 관심을 갖거나 피부관리를 시작하고 심지어 눈코의 성형을 시작한다.

예전의 남성의류에서는 잘 사용되지 않았던 색상이나 소재 그리고 디자인도 남학생들에게 받아들여지고 있다. 쇼윈도의 남성 마네킹은 핑크색이나 보라색, 형광색 또는 꽃무늬의 셔츠, 허리 부분이 들어간 슬림한 재킷, 하늘하늘한 시폰 소재의 상의, 엉덩이 부분이 꽉 끼는 바지를 입고 있다. 그 마네킹은 예전의 여학생들이 쓰던 큰 패션가방을 들고 있고 발에는 비록 두껍지만 여느 하이힐보다 굽이 높은 구두를 신고 있다.

에오드 블랙 앤 진 광고

패션과 미를 추구하는 메트로섹슈얼들은 말한다. "여자 것 같다고요? 여자들을 따라 하려는 게 아니에요. 우리도 이젠 우리 나름대로 멋과 개성을 추구하는 겁니다."

2) 화장

화장은 대학생들이 패션과 더불어 자신을 꾸밀 수 있는 주요한 아이템이다. 대학생들은 피부나 외모가 가장 이상적인 상태에 있는 집단임에도 불구하고 정도의 차이는 있으나 거의 모두 화장을 한다. 특히 메트로섹슈얼 트렌드와 발맞추어 여학생뿐만 아니라 남학생에게도 기본적인 화장은 필수적인 대세가 되어 가고 있다. 조사대상자들에게 스킨과 로션 등 기초화장품 사용을 비롯한 어떤 종류의 화장이라도 하는지 여부를 알아본 결과 여학생은 98.6%가, 남학생은 84.1%가 화장을 한다고 응답하였다.

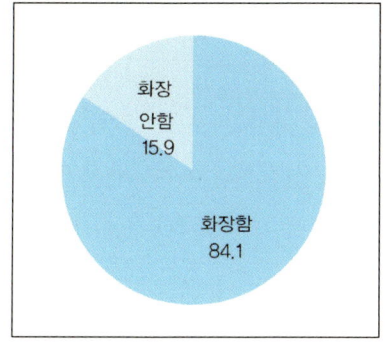
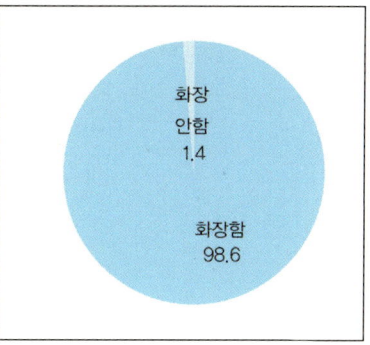

〈그림 Ⅲ-29〉 남학생 화장 여부　　　　　〈그림 Ⅲ-30〉 여학생 화장 여부

여학생은 약 **95%** 정도가 화장의 가장 기본적인 단계라고 할 수 있는 스킨, 로션을 모두 사용하고 있었고 남학생은 **69%** 정도가 스킨과 로션을 모두 사용하고 있었다.

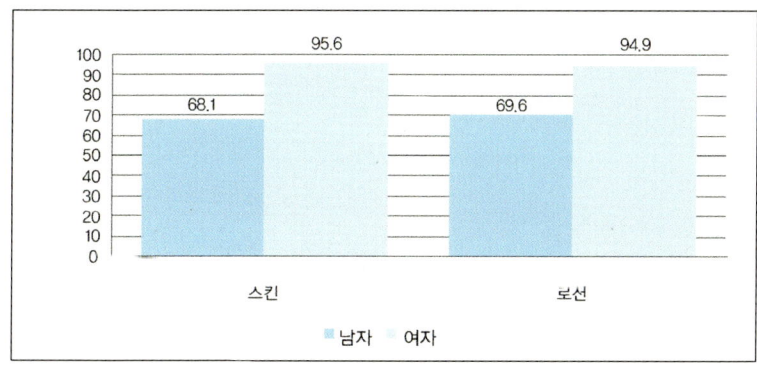

〈그림 Ⅲ-31〉 기초화장품 사용 여부

색조화장의 경우에는 사용하는 색조화장품을 모두 선택하게 하여 분석하였다. 여학생의 경우에는 파우더를 사용한다는 응답이 가장 많아 **65.8%**였다. **40%** 이상의 여학생이 사용한다고 응답한 화장품은 메

이크업베이스와 눈썹을 그리는 아이브로, 마스카라 그리고 립글로스였다. 반면 남학생의 경우 색조화장품을 사용한다는 응답이 메이크업베이스와 립글로스를 제외하고는 모두 1% 이하였다. 메이크업베이스를 사용한다는 응답은 2.4%, 립글로스를 사용한다는 응답은 4.4%로 다른 화장품 품목에 비해 다소 높게 나타났다. 색조화장품을 사용하는 남학생의 비율이 높지는 않지만 외모에 대한 남성들의 관심이 늘면서 인터넷 화장품 카페나 블로그에서 화장품 정보를 교류하는 남성들이 많이 나타나고 있다. 이들은 주로 화장한 티가 안 나면서 매끄러운 피부표현을 할 수 있는 방법에 대한 정보를 교류한다.

〈표 Ⅲ-7〉 색조화장품 사용비율(%)

색조화장품 종류	여학생	남학생
메이크업베이스	57.5	2.4
파운데이션	27.7	0.3
파우더	65.8	0.3
트윈케이크	8.1	0.0
볼터치	28.9	0.6
아이브로	42.3	0.3
아이라인	27.0	0.0
아이섀도	27.3	0.3
마스카라	47.8	0.6
립스틱	23.1	0.0
립글로스	50.3	4.4

3) 성형

사회적으로 외모에 대한 관심이 증가하면서 대통령까지도 보톡스 주사를 맞은 사실을 고백할 만큼 우리 사회는 예전보다 성형에 대해

관대한 태도를 갖는 사람들이 늘고 있다. 대학 입학 기념으로 쌍꺼풀 수술을 하거나 취직을 위해 남성들도 피부관리를 받는 것은 이제 그리 대단한 뉴스가 아니다. 실제로 대학생들의 성형경험 비율과 성형에 대한 태도는 어떠할까? 조사대상자 중 여학생의 **20.7%**, 남학생의 **2.7%**가 최소한 한 번 이상의 성형경험이 있다고 응답하였다. 여학생의 경우 약 1/5이 성형경험이 있다고 응답한 것은 성형이 더 이상 일부 특수한 계층에 국한된 것이 아님을 보여 준다.

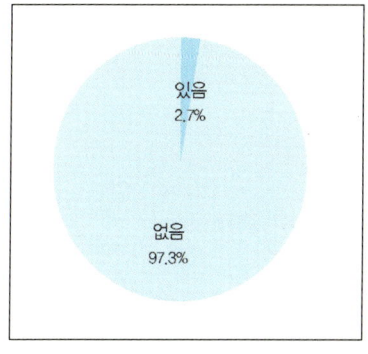
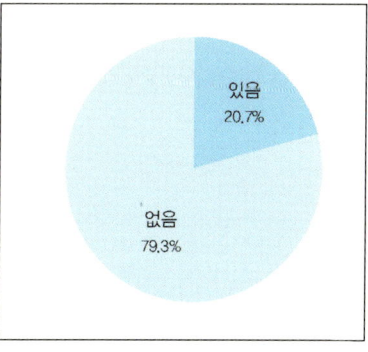

〈그림 Ⅲ-32〉 남학생 성형경험 비율 　　〈그림 Ⅲ-33〉 여학생 성형경험 비율

성형을 한 부위는 눈(10.3%)이 가장 많았고, 그다음이 코(1.9%)였다. 이 순서는 남학생과 여학생 모두 동일하였다. 특히 여학생 중에는 눈 성형을 한 비율이 17.3%나 되었는데 눈 성형은 쌍꺼풀 수술 외에도 눈을 길게 보이게 하기 위한 앞트임이나 뒤트임 수술 등을 포함한다. 기타에 포함되는 항목은 가슴수술과 지방제거술, 제모술 등이다.

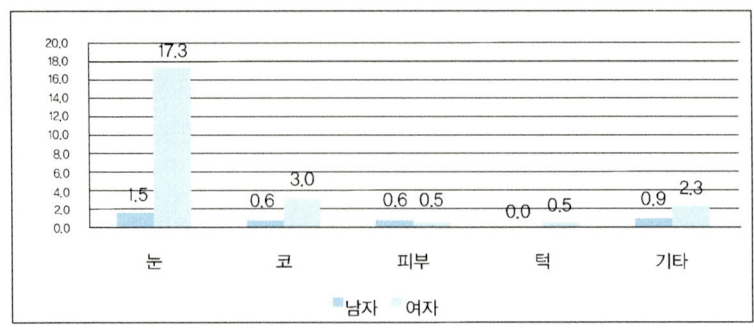

〈그림 Ⅲ-34〉 성형수술 경험 부위

조사응답자에게 성형경험과 관계없이 향후에 어딘가를 성형할 의사가 있는가를 물어본 결과 여학생의 75.2%, 남학생의 35.3%가 성형의사가 있다고 응답하였다.

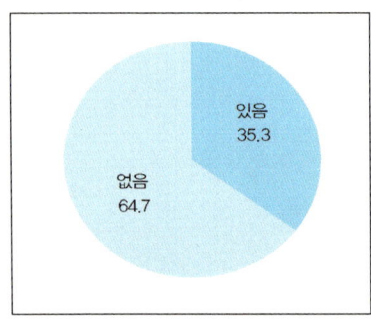

〈그림 Ⅲ-35〉 남학생 성형의사

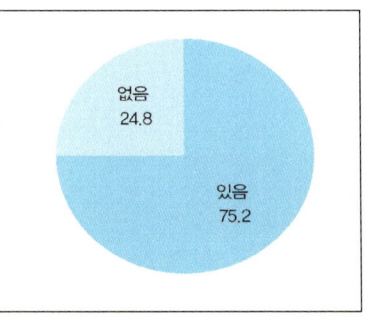

〈그림 Ⅲ-36〉 여학생 성형의사

성형을 희망하는 부위를 모두 선택하게 한 결과 수술을 원하는 부위는 코가 가장 높았고(21.7%), 그다음은 피부(16.3%), 눈(15.3%) 순이었다. 남녀 상관없이 실제 성형수술을 한 부위는 눈이 가장 많았지만 가장 고치고 싶어 하는 부위는 코인 것으로 나타났다. 여학생의 경우

30% 이상의 응답자가 성형하고자 하는 부위는 코와 눈 그리고 피부였다. 남학생은 여학생에 비해 성형을 원하는 비율이 여학생의 1/3 수준 정도였는데 남학생 중 10% 이상이 성형을 원하는 부위는 코와 피부였다.

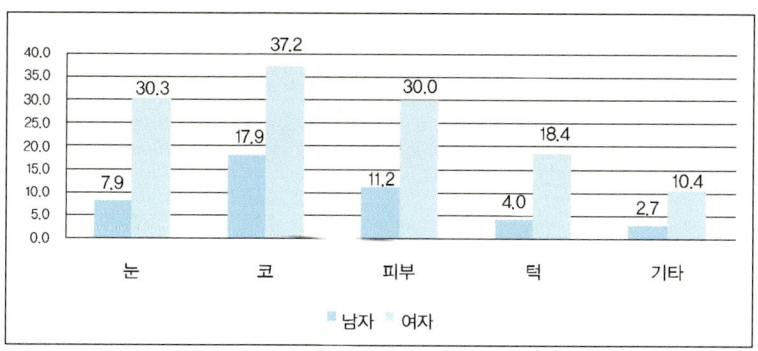

〈그림 Ⅲ-37〉 향후 성형 희망 부위

대학생 소비트렌드 메모 6

개성녀 A 양, 성형을 해야 하나

대학생 A 양은 큰 이목구비에 강한 인상으로 언제 어디서나 눈에 띈다는 소리를 들어왔다. 자기주장이 강한 편인 A 양은 자신의 강한 외모를 장점으로 생각하고 더욱 눈에 띄게 꾸미고 다니는 것을 즐겼다. 그런데 미래를 생각하던 A 양, 어느 날 취업박람회에서 디자이너나 예술 분야의 몇몇 직종을 제외하고는 자신의 외모가 취업 시에 굉장한 단점이 될 수 있다는 충격적인 소리를 듣게 되었다. 그 뒤 A 양은 본인 성격대로 적극적으로 취업사이트 등을 돌아다니며 기업에서 원하는 인재상의 이미지에 대해 알아본 결과 회사에서는 너무 눈에 띄고 강한 인상보다는 부드러운 이미지를 더 선호한다는 것을 알게 되었다. A 양은 새까만 머리를 약간 밝게 염색하고, 화장도 평소보다 얌전하게 바꿔 봤지만 별다른 효과를 보지 못하고, 급기야 성형외과에서 상담을 한 뒤 소위 말하는 견적을 받았다. 일도 해 보기 전에 외모 때문에 자신이 하고 싶은 일을 못 할 수도 있다는 억울한 생각 때문에 A 양은 진지하게 성형을 고려하고 있다.

의류를 구입할 때 중요한 것 중 하나는 매장환경

대부분의 소비자들에게 쇼핑은 일종의 엔터테인먼트이다. 특히 의류의 경우 옷을 구입하는 행위뿐만 아니라 옷을 구경하고 고르고 입어 보고 하는 모든 과정이 소비자들에게 기쁨을 주는 일종의 엔터테인먼트이다. 대학생 소비자들이 의류를 구매할 때 매장환경도 중요하다. 이들이 고려하는 매장환경 요소들은 어떤 것일까?

- **의류매장에 대한 소비자행태**
  2009년 집단심층면접조사(Focus Group Interview): 2그룹(남학생 5명, 여학생 6명)

(1) 디스플레이

디스플레이는 매장의 얼굴, 매장의 이미지를 나타내므로 다른 매장과 차별화될 수 있는 새로운 디스플레이를 한 매장 선호

(2) 탈의실

탈의실의 기본 목적에 충실한 것 선호, 편리하게 이용할 수 있는 공간 기대, 인테리어는 부수적인 요소이나 매장 내의 인테리어와 통일감을 줄 수 있고, 독특한 인테리어 필요

(3) 서비스

최소한의 서비스만 기대하지만 친절은 기본, 과도한 서비스는 원치 않음, 점원의 외모나 스타일도 중요

(4) 조명

매장 분위기 조성에 필요한 조명은 상품판별이 가능한 선에서 필요

(5) 기타

매장 내에 휴식공간이나 카페테리아와 같은 편의공간이 구비되기를 희망, 옷을 여러 벌 구매할 때 옷을 담으며 고를 수 있는 옷 바구니나, 가방이나 짐이 있을 때 들고 다니기 번거로우므로 이를 보관할 수 있는 공간 필요, 그 밖에 매장만의 이미지 형성을 위해 매장의 콘셉트에 맞추어서 매장의 음악과 향기 구성 선호

* 디스플레이 A to Z

여학생	남학생
DP에 대한 기본적인 생각 -구매 시, 디스플레이가 영향 -외부 디스플레이가 예쁘면 들어가고 싶다 **고객이 원하는 디스플레이** -타매장과 차별화되는 디스플레이 -섹션별로 구분되어 있는 디스플레이 -같은 제품군끼리 모아 둘 것 -손이 닿는 곳에 제품을 둘 것 **새로운 디스플레이 방식 제안** -다양한 사이즈별 마네킹 -동일 아이템의 다양한 코디방식 제시 -Look book을 이용한 코디 안내	**DP에 대한 기본적인 생각** -디스플레이의 영향을 받는다 -스타일리시한 디스플레이 선호 -디스플레이는 매장의 얼굴. 스타일 표현 **고객이 원하는 디스플레이** -모든 제품을 보여 주는 디스플레이 -남성용과 여성용의 구분 확실하게 -마네킹이 입은 옷 한눈에 확인할 수 있게 -타 매장과는 다른 신선한 디스플레이 **새로운 디스플레이 방식 제안** -유비쿼터스식 스크린 사용

* 탈의실 A to Z

여학생	남학생
-친구와 들어갈 수 있을 정도의 넓은 크기 -옷을 다시 갖다 놓는 것은 싫다 -거울이 있는 탈의실 -온몸을 가리는 탈의실 -신발 갈아 신기 편한 탈의실 -탈의실의 위치는 매장 구석에 -매장 내의 인테리어와 어울려야	-바지매장의 경우 다양한 형태의 신발 구비 -문이 안에서 잘 잠길 것 -온몸이 다 가려지는 탈의실 -거울이 있는 탈의실 -입어본 옷을 정리하는 공간 필요 -거울과 충분한 거리가 있는 탈의실

* 서비스 A to Z

여학생	남학생
이런 서비스는 싫다 −과도한 관심은 부담스럽다 −손님이 불러야 움직이는 수동적 자세 −'매의 눈'처럼 감시하는 눈 **이런 서비스를 원한다** −손님 출입 시 인사는 '기본' −손님이 번거롭게 해도 싫은 내색 안 하기 −구입단계에서부터 계산단계까지 친절 −가방이나 겉옷 보관함 −멤버십 제도 −쇼핑 도중 쉴 수 있는 공간, 의자 등 −적절한 음악이나 향기	**이런 서비스는 싫다** −손님은 뒷전, 옷 정리에만 집착하는 점원 −구매하지 않고 나간다고 무시하는 태도 −고객을 감시, 의심하는 태도 −점원이 달라붙어 따라다니면 부담스러움 **이런 서비스를 원한다** −모델이 될 만한, 점원의 센스 있는 옷차림 −고객의 스타일에 맞게 적절한 정보 제공 −단정한 점원의 외모 −고객의 과실로 인한 사고도 기꺼이 수습 −부르기 전에는 기본적인 서비스만 제공

빈폴 유플랫 매장의 커뮤니티 zone

꽃다운 나이 20대, 그래도 더 고운 민낯을 위해

- **화장품에 대한 소비자 행태 중**
  2008년 집단심층면접조사(Focus Group Interview): 1그룹(여학생 5명)
  2008년 심층면접(In-depth Interview): 피부미용에 관심이 많은 남학생 2명

(1) 대학생들의 외모고민 – 피부

대학생들에게 성적, 취업만큼이나 고민이 많은 부분이 외모이다. 이들에게 외모는 스스로에게 자신감을 부여해 주는 것이면서 동시에 남들에게 보이는 부분이기 때문에 매우 중요하다. 외모 중에서도 특히 중요한 건 피부이다. 이미지에 가장 큰 영향을 미치는 게 눈, 코, 입이 아닌 피부라고 생각하기 때문이다. 남녀를 막론하고 모두 모공, 여드름, 잡티에 대한 고민이 많은데 여드름에 대한 고민은 남학생의 경우 약간 더 하다.

(2) 더 고운 민낯을 위해

최근 연예인들의 '쌩얼(민낯)' 열풍으로 대학생들도 피부관리에 관심이 아주 많다. 클렌징오일, 클렌징크림, 폼클렌징으로 꼼꼼히 세안하는 것은 물론이고, 색조화장은 안 하더라도 스킨, 로션, 아이크림, 에센스, 수분크림, 영양크림 등 기초화장품을 빠짐없이 바르는 것은 기본이다. 일주일에 두세 번은 팩도 잊지 않는다. 피부에 직접적으로 영향을 주는 세안과 화장품 이외에도 스트레스는 피부의 적이라고 생각하기 때문에 스트레스를 받지 않기 위해서 긍정적인 사고를 유지하려고 애쓰고, 노폐물 배출을 위한 반신욕도 한다.

특히 여학생들은 실내 환경에 대해서도 많은 신경을 쓴다. 실내 온도가 지나치게 높은 경우에는 피부가 쉽게 건조해지기 때문에 실내에 가습기를 틀거나 물을 많이 마시고 얼굴에 미스트를 뿌려 수분을 공급하기도 한다. 트러블이 심하거나 혼자 관리하기가 어렵다고 생각하면 피부관리숍이나 피부과를 찾는다.

(3) 화장하는 남자들

남학생들은 여학생들만큼 색조화장을 하지는 않지만 스킨, 로션, 아이크림, 에센스 정도의 기초화장품은 다 사용하고 있고, 주기적으로 팩도 하고 있다. 또한 여학생들에 바깥 활동이 많아 자외선차단제를 꼭 챙기고, 피지가 많기 때문에 수시로 기름종이를 이용해 피지 관리를 해 준다. 취업이 가까워 오면 피부관리를 위해 금연을 하거나 가능하면 술도 멀리한다고 한다.

"저는 피부관리에 관심이 많아요. 이것저것 바르는 것도 많고, 색조 말고는 여자들이 쓰는 기초화장품은 거의 다 써요. 피부관리하느라 안 먹고, 안 하는 것도 많아서 남들 보기에 좀 유난스러워 보이긴 하겠지만 요즘은 그런 친구들 많아요. 기본적으로 클렌징은 꼭 하고, 스킨, 로션, 아이크림, 에센스 정도는 다 바르는 것 같고요. 기름종이도 다 가지고 다니더라고요. 남성용 기름종이도 나왔는데 써 보니까 확실히 남성용이 기름을 더 많이 먹어요. 처음에는 누나랑 여자친구들이 도와줘서 시작했는데 지금은 우리에게 맞는 걸 스스로 찾아요. 군대 있을 때에도 훈련 가기 전에 다들 자외선 차단제 바른 걸요." **(25세, 복학한 남학생)**

4 대학생, 무엇을 하고 노나

대학생들은 알뜰하다. 콘서트보다 영화를 즐겨 보고 음악은 공유사이트에서 다운로드해서 듣고 TV나 신문은 인터넷을 이용해서 본다. 그러나 본인이 정말로 좋아하는 뮤지컬이나 음악페스티벌을 보기 위해서는 비용이 아무리 비싸도 과감하게 투자한다. 대학생들은 무엇을 하고 놀까? 어떤 장르의 영화, 드라마와 음악을 즐기며, 어떤 TV 프로그램을 즐겨볼까?

대학생 B 군. 서울시내에 있는 사립대학 3학년이다. 군대에 갔다 왔고, 한 학기 알바하면서 잠시 쉬었다가 복학했다. 막상 3년 가까이 쉬었다가 공부하려니 학교생활에 쉽게 적응이 되지 않는다. 그러나 곧바로 4학년이 되고 졸업이 코앞이라고 느껴져 마음은 조급하다. 1, 2학년 때 망쳐 놓은 성적도 업그레이드해야 하고 취업을 위한 토익공부도 시작해야 할 것 같다.

이런 상황에서 예전처럼 여행을 가거나 홍대 클럽에 공연을 보러 다니거나 주말마다 영화를 보러 다니는 건 꿈도 못 꾼다. 주머니도 넉넉하지 않지만 마음의 여유가 없는 것이 더 큰 이유다. 물론 밖으로 나가지 않는 시간 동안 집에서 빡빡하게 무언가를 하는 건 아니지만 밖으로 나가는 건 왠지 불안해서 가끔 친구들과 학교 앞에서 한잔 하는 정도의 외출만 하고 있다. 대신 쌓인 스트레스를 풀 때는 컴퓨터와 노는 것을 선택한다. 컴퓨터는 돈이 들지도 않고 누구의 눈치도 볼 것 없이 내 맘대로 가지고 놀 수 있는 놀이기구다. 예전에는 시간이 나면 스타크래프트나 카트라이더 같은 게임을 했지만 한 번 시작하면 금방 2~3시간이 흘러 버리기 일쑤라 요즘은 영어공부에도 도움이 될 거라고 생각되는 미드를 많이 보는 편이나. 처음에 프리즌 브레이크를 볼 때는 능력자들의 자막이 없으면 볼 수 없었지만 요즘에 새로 시작한 쓰리 리버스는 자막이 나오기 전에 대략 이해하면서 볼 수 있다는 것에 큰 만족을 느낀다.

영어를 듣느라 지친 머리를 식히는 데는 역시 음악이 최고인 것 같다. B 군은 이달의 인기가요 100의 음원을 다운받아 들으면서 취업정보를 검색한다. 블로그에 나와 비슷한 처지의 사람들이 올려놓은 이력서, 자소서(자기소개서) 쓰는 법, 좋은 회사 고르는 법, 면접 잘 보는 법, 좋은 인상을 위한 머리 스타일 만들기 등의 정보를 보며 필요한 것은 내 블로그에 퍼다 놓는다. 블로그에 들어온 김에 자신의 블로그에 이웃들의 인사나 댓글은 없는지 확인해 보고 이웃들의 블로그에 새로운 소식은 없는지 한 바퀴 돌기도 한다. 그렇게 좀 시간을 보내다 보니 친구가 메신저로 요즘 화제가 되고 있는 UCC 주소를 보내 준다. 그것을 재미있게 보고 관련된 또 다른 UCC를 몇 개 더 보다 보면 한참 즐겁다. 요즘 컴퓨터에는 UCC 외에도 만화, 소설 등 전혀 비용 없이 즐길 수 있는 콘텐츠들이 무궁무진하다.

B 군에게 집에서 컴퓨터로 혼자 놀기만 하는 게 답답하고 쓸쓸하지 않느냐고 물어보면 이렇게 대답할 것이다.

"왜요?! 답답하고 쓸쓸한가요? 저 혼자 논 거 아닌데……."

1) 영화와 공연

대학생들은 그 어느 집단보다 영화나 연극, 음악회 등 공연문화를
향유하는 집단이다. 대학생들의 연평균 콘서트 관람횟수는 3.6회, 연
극 관람횟수는 2.4회, 영화 관람횟수는 21.6회이다. 대체로 남학생보
다 여학생이 더 문화생활을 즐기고, 그중에서도 콘서트나 연극보다는
비용이 저렴하고, 접근하기 쉬운 영화를 더욱 많이 관람한다. 남학생
들의 연평균 관람횟수가 콘서트는 2.4회, 연극은 2.4회, 영화는 19.2회
인 데 비해, 여학생들의 연평균 관람횟수는 콘서트가 3.6회, 연극은
3.6회, 영화는 2.4회이다.

〈표 Ⅲ-8〉 연간 콘서트/연극/영화 관람횟수

구 분	전 체	여 자	남 자
콘서트	3.6	3.6	2.4
연 극	2.4	3.6	2.4
영 화	21.6	24	19.2

대학생들이 가장 선호하는 공연형태는 뮤지컬(36.5%)이고 그 다음
은 콘서트(31.1%), 연극(12.5%) 순이다. 성별로 선호하는 공연형태가
달라 여학생들은 뮤지컬(47.7%)을 가장 선호하며 남학생들은 콘서트
(35.6%)를 가장 선호한다. 그러나 뮤지컬과 콘서트는 대학생 수준에
서 부담하기에는 관람 비용이 비싼 편이기 때문에 비용이 싼 영화만
큼 자주 관람하지는 못한다.

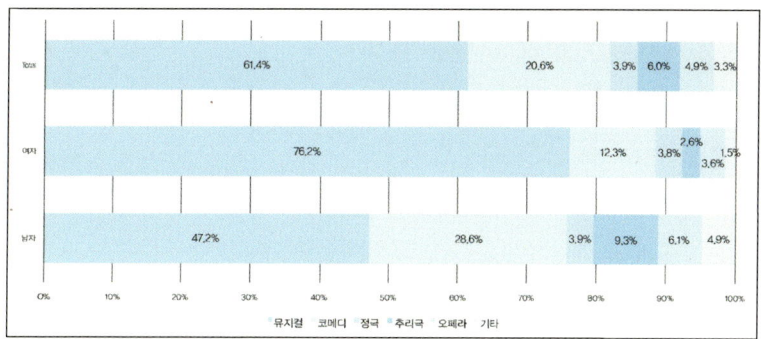

<그림 Ⅲ-38> 선호하는 공연 형태

대학생들 중 15.1%가 음악 페스티벌에 참가해 본 경험이 있다. 음악 페스티벌에 참가한 경험이 있는 대학생들이 가장 많이 참가한 음악 페스티벌은 쌈지사운드페스티벌(38.9%)이고, 다음은 펜타포트락페스티벌(23.4%), 프린지페스티벌(9.1%)이다.

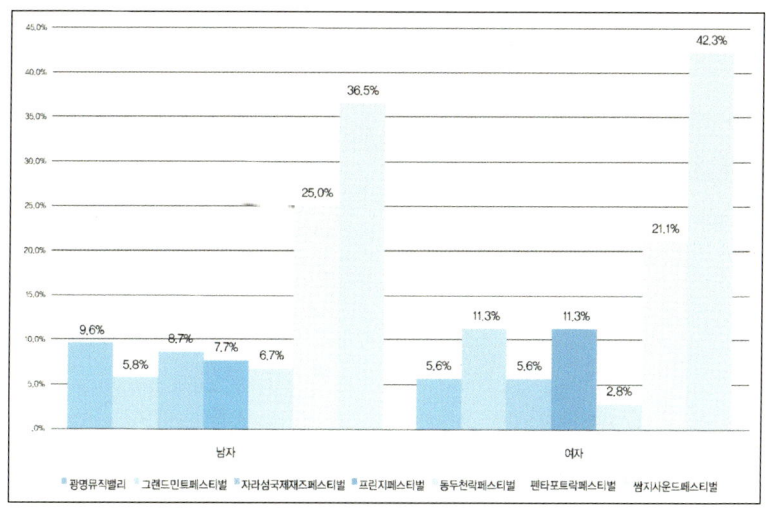

<그림 Ⅲ-39> 참가 경험이 있는 음악 페스티벌

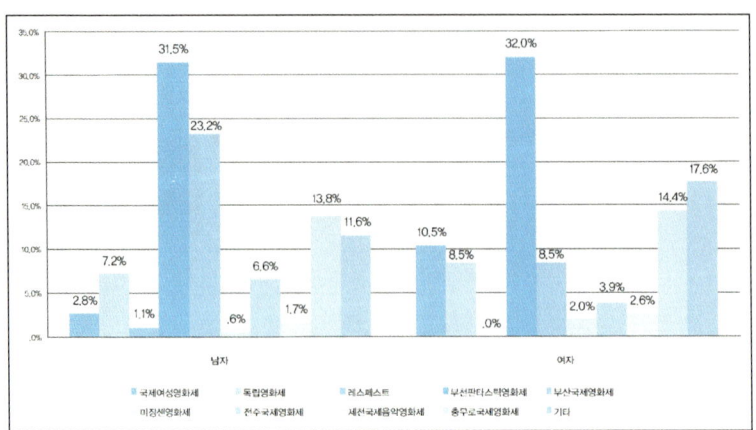

<그림 Ⅲ-40> 참가 경험이 있는 영화제

조사 대학생들 중 **30.8%**가 영화제에 참가해본 경험이 있다. 가장 많은 학생들이 경험한 영화제는 부천판타스틱영화제(31.7%)이고 그 다음은 부산국제영화제(16.5%), 충무로영화제(14.1%) 순이다.

대학생들이 음악페스티벌 또는 영화제에 참가하는 가장 큰 이유는 '취미로 좋아하기 때문(54.5%)'이다. 그다음은 '스트레스 해소를 위해 (23.4%)', '좋아하는 뮤지션이나 배우, 감독을 보기 위해서(17.5%)'의 순으로 나타났다. 음악페스티벌 참가자와 영화제 참가자의 참가이유 는 큰 차이를 보이지 않았다.

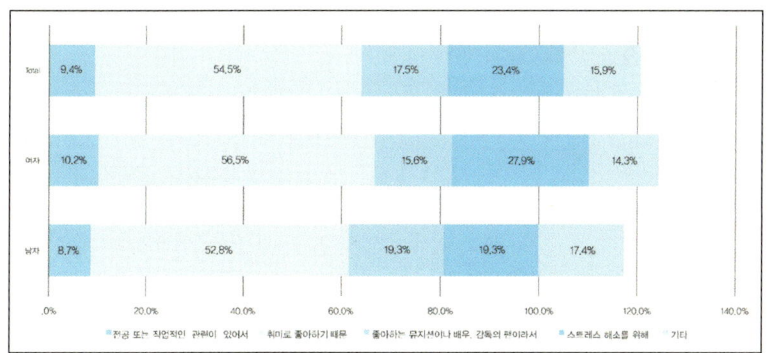

〈그림 Ⅲ-41〉 음악 페스티벌 또는 영화제 참가 이유

대학생들 중 **84.4%**가 월 1편 이상의 영화를 관람하고 있다. 대학생
들은 영화 장르 중 SF/스릴러를 31.5%로 가장 선호하고, 그다음은 멜
로/로맨스(28.0%), 드라마/휴머니티(18.7%) 순으로 선호한다. 영화장
르 선호도는 성별로 다소 차이를 보이는데 여학생들은 멜로/로맨스
(38.8%)를, 남학생들은 SF/스릴러(39.6%)를 가장 좋아한다.

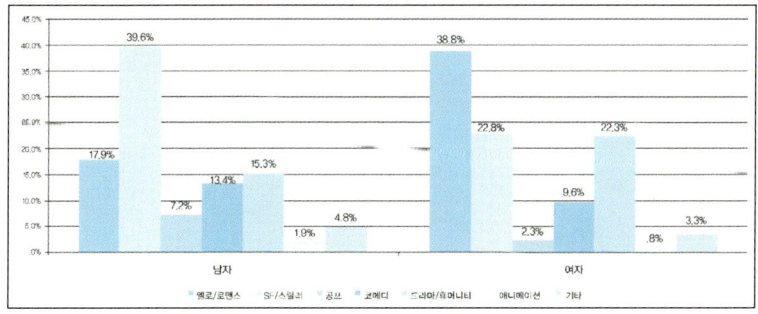

〈그림 Ⅲ-42〉 선호하는 영화 장르

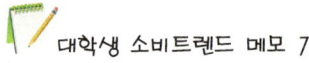

보고 싶은 건 무슨 수를 써서라도 본다

대학생 A 양은 흔히 말하는 뮤덕(뮤지컬오타쿠)이다. 대학생이 된 기념으로 부모님이 뮤지컬을 보여 주신 이후로 그 매력에 흠뻑 빠져 계속 보지 않고는 못 견디는 지경에 이른 것이다. A 양은 한 달에 1~2번은 꼭 뮤지컬을 보는데 뮤지컬 티켓은 가격이 만만치가 않기 때문에 자금 확보가 결코 쉬운 일이 아니다. 하지만 조금만 부지런하고, 머리를 잘 쓰면 저렴한 가격에 보고 싶은 뮤지컬을 볼 수 있다. 일단 A 양은 정보를 많이 수집하기 위해 뮤지컬 전문 기획사의 홈페이지나 카페는 물론이고 DC인사이드에 있는 연극/뮤지컬 갤러리 등 관련 사이트를 자주 방문한다. 이런 곳에서는 단관(단체관람)에 대한 정보나 급한 사정으로 구매티켓을 다시 판매하려는 양도자 등을 찾을 수 있어 원래 가격보다 저렴하게 티켓을 구매할 수 있는 기회가 있다.

뮤지컬 티켓을 확보하기 위한 대학생 A 양의 전쟁은 보고 싶었던 뮤지컬 공연 일정이 공개되면서부터 시작된다. 일단 공연이 확정됐다는 소식이 들리면 그때부터 용돈 사용은 최소로 줄인다. 그리고 꼭 VIP석에서 보고 싶은 공연이라면 단기 알바자리도 찾는다. 그리고 협찬사들이 공개되는 즉시 협찬사들의 홈페이지를 검색해 본다. 혹시라도 협찬사에서 뮤지컬 티켓을 경품으로 한 행사를 할지도 모르기 때문이다. 그리고 티켓 오픈일이 공개되면 학생할인이 되는지를 확인해 보고 더블캐스팅인 경우는 내가 좋아하는 배우가 어느 날 공연을 하는지 확인하고 요일에 따라 할인이 조금 더 많이 되는 날도 있어 이런 부분도 잘 따져서 예매한다.

한 편 예매했으니…… 한 달이 또 즐겁겠다!

2) 음악

음악은 대학생들 생활의 일부이다. 오늘날의 대학생들은 MP3나 휴대폰, 컴퓨터를 통해 어디에서나 음악을 듣는다. 그러나 그들이 모두 돈을 내고 음원이나 음반을 구매해서 소비하는 건 아니다. 대학생들의 50% 이상은 공유사이트 다운로드를 통해서 음원을 구하고 있다. MP3 구매(24.5%), CD 구매(13.0%) 등 유료 음원을 구입하는 비율은 전체의 37.5%에 불과하였다. 성별 차이는 크지 않으나 여학생들은 남학생들에 비해서 MP3를 7.2%p 더 많이 구매하고, 남학생들은 여학생들에 비해서 CD를 1.2%p 더 많이 구매한다.

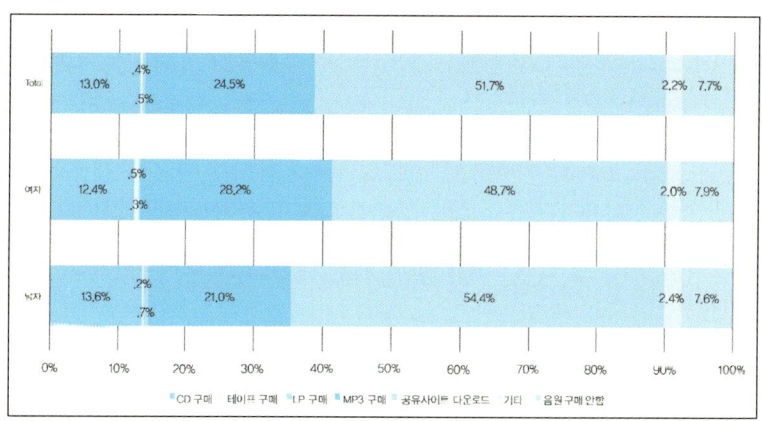

〈그림 Ⅲ-43〉 음원 구입 방식

대학생들이 가장 좋아하는 음악 장르는 발라드(28.5%)이고, 그다음으로 댄스(18.0%), R&B(12.1%) 장르를 좋아한다. 성별에 따라 좋아하는 장르에 차이가 있는데 여학생은 발라드(31.7%), 댄스(20.8%),

R&B(11.7%) 순으로 선호하고, 남학생은 발라드(25.5%), 록(16.2%), 댄스(15.3%) 순으로 선호한다.

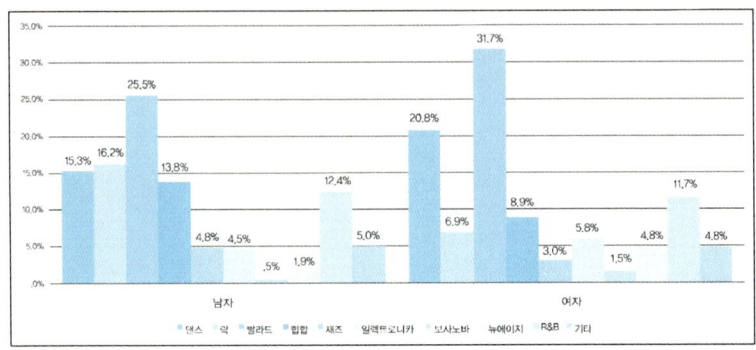

〈그림 Ⅲ-44〉 선호하는 음악 장르

3) 방송

오늘날 대학생들은 TV, 라디오, 컴퓨터, DMB 등 예전보다 훨씬 다양한 방송매체를 접하고 있다. 그러나 대학생들이 가장 선호하는 방송 매체는 시대의 변화에 관계없이 아직도 TV(83.2%)이다. 그러나 두번째로 선호하는 매체는 컴퓨터이다. 전체 대학생의 61.0%가 컴퓨터로 방송을 시청하고 있다고 응답했다. 온라인 시청을 하고 있다는 응답자는 15.5%였다. 컴퓨터 시청은 온라인에서 방송 프로그램을 다운로드해서 시청하는 방식을 말하고, 온라인 시청은 온라인 방송 프로그램을 실시간으로 시청하는 방식이다.

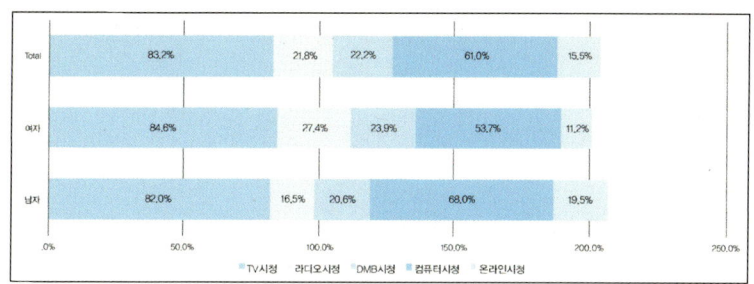

〈그림 Ⅲ-45〉 방송 시청 형태

대학생들이 가장 선호하는 방송 장르는 무엇일까? 소위 예능이라 불리는 연예인들의 리얼 버라이어티 쇼 프로그램이 1위를 차지하였다(47.8%). 그다음은 영화와 드라마(20.6%), 스포츠(12.0%) 순이다. 이 순위는 성별로 다소 차이를 보이는데 여학생들은 예능(52.8%)을 가장 선호하고, 다음으로 영화와 드라마(26.5%), 음악(5.4%) 순으로 선호한다. 남학생들도 역시 예능(43.0%)을 가장 선호하지만 두 번째로는 스포츠(22.0%)를 좋아하고, 영화와 드라마(14.3%)는 그다음이다. 대학생들이 가장 좋아하는 방송 프로그램은 '패밀리가 떴다(18.3%)', '무한도전(16.0%)', '1박2일(7.3%)' 등 모두 리얼 버라이어티 예능 프로그램이었다.

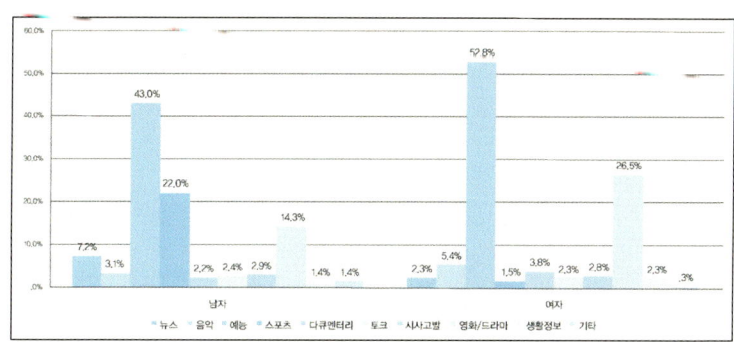

〈그림 Ⅲ-46〉 선호하는 방송 프로그램

대학생들은 우리나라 방송만 보는 게 아니다. 케이블 방송과 온라인 방송의 보급으로 미국과 일본 프로그램을 시청하는 것이 수월해지면서 소위 일드와 미드 마니아들이 생겨나고 있다. 대학생 중 51.7%가 일본 드라마 또는 미국 드라마를 보고 있고 17.2%는 일본 드라마와 미국 드라마를 모두 보고 있다. 가장 즐겨 보는 일본 드라마는 우리나라의 드라마 '베토벤 바이러스'의 모티브가 된 '노다메 칸타빌레', '꽃보다 남자', '고쿠센' 등이고, 가장 즐겨 보는 미국 드라마는 '프리즌 브레이크', '가십걸', 'CSI' 등이다.

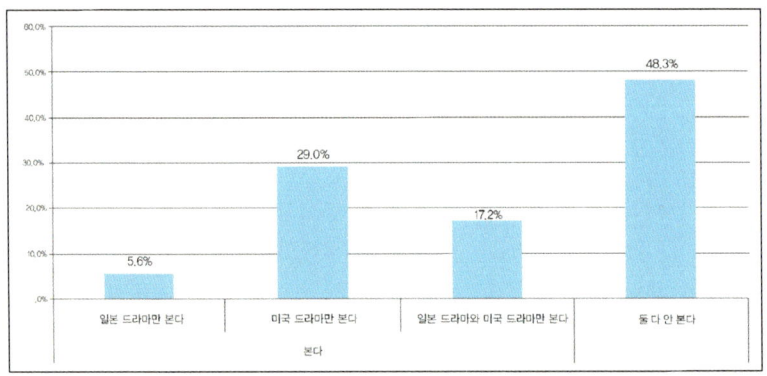

〈그림 Ⅲ-47〉 일본 · 미국 드라마 시청 여부

앞에서 살펴본 바와 같이 대학생들 중 약 15.5%가 TV뿐만 아니라 온라인을 통해서도 방송을 시청하고 있다. 온라인 방송 시청 대학생 중 60.5%가 아프리카 TV를, 28.5%가 판도라 TV를 통해 온라인 방송을 시청하고 있는 것으로 나타났다.

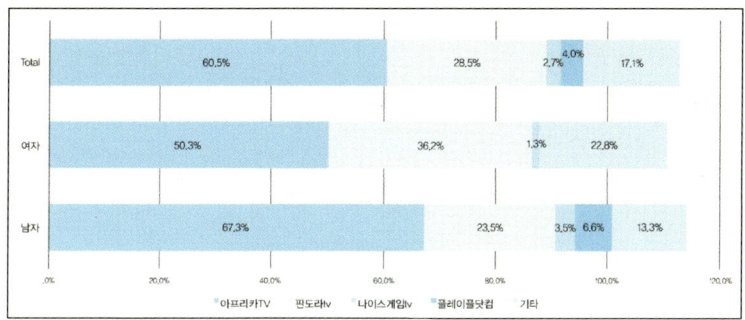

<그림 Ⅲ-48> 온라인 방송 시청 여부

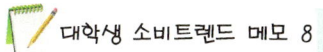
대학생 소비트렌드 메모 8

우리나라 방송만 볼 수 있는 건 아냐

A: 어제 김연아 그랑프리 파이널 한 거 봤어?

B: 응, 봤어.

A: 어제 해설자 진짜 웃기지 않았냐?

B: 난 그건 못 들었는데……

A: 봤다면서?

B: 아, 나는 우리나라 방송은 해설도 너무 시끄럽고 화질도 별로라서 아프리카로 러시아에서 방송한 걸로 봤어. 난 외국해설자들이 경기 중엔 말이 없어서 좋더라.

실시간 인터넷방송인 afreecaTV

또 하나의 자신을 발견하는 즐거움, 여가

- **여가에 대한 소비자행태**
  2009년 집단심층면접조사(Focus Group Interview): 2그룹(남학생 6명, 여학생 6명)

(1) 여가에 대한 인식

대학생들은 여가를 인생에서 즐겨야 하는 것, 즐거움과 편안함을 주는 것, 삶의 환기구 또는 또 하나의 자신이라고 생각한다. 인생에서 여가를 즐겨야 하는 이유는 인생을 살다 보면 스트레스가 쌓일 때 뭔가 재미난 것들로 그것을 풀어야 하기 때문이다. 여가를 '편안함을 주는 것'이라고 답한 경우는 바쁜 일상에서 벗어나 여가를 갖는 것 자체가 마음의 편안함을 준다고 느끼기 때문이다.

(2) 여가를 즐기는 이유

대학생들이 여가를 즐기는 이유는 일상생활에서 반복되는 일을 하다 보면 지치기 때문에 변화를 주기 위해서라는 응답이 공통적으로 가장 많다. 하나의 특별한 목적을 가지고 여가를 즐기기보다 생활의 활력을 충전하기 위해 일상과는 다른 요소 또는 자극으로서의 여가를 즐기고 있다. 그러나 남학생과 여학생이 여가를 즐기는 이유는 다소 다르다. **여학생**의 경우 여가를 즐기는 이유를 스트레스 해소를 위해, 심심할 때 할 수 있는 것이 딱히 없기 때문에, 특별한 목적을 위해, 다이어트를 위한 운동을 하기 위해, 친목도모를 위해, 자기계발을 위해, 자기가 맡은 일에 더 몰입할 수 있기 위해 등으로 답했다. 반면 **남학생**의 경우는 내일을 위한 재충전을 위해, 휴식을 얻기 위해, 새로운 활력과 아이디어를 충전하기 위해 등을 들었다.

(3) 여가활동 참여 실태

여학생들의 여가활동은 운동, 공연관람, 사교활동, 독서 등이 주가 된다. 특히 운동과 공연관람이 많았다. 운동을 즐기는 경우는 다이어트와 스트레스 해소를 위한 것이고 공연관람은 긴장을 풀고 가볍게 즐기기 위한 것이다. 대학생들은 비용 때문에 영화를 주로 보는 경우가 그 외 공연을 보는 경우보다 많다. 사교활동은 주로 친구들과 수다를 떠는 것을 말한다. 친구들과의 수다는 가격부담도 없고, 넓은 공간도 필요하지 않으나 스트레스를 해소시키는 데 큰 역할을 한다. 독서를 여가활동의 일환으로 하는 경우에는 전공서적이나 어학서적이 아닌 좋아하는 분야의 책을 읽는다.
남학생의 여가활동도 여학생의 그것과 크게 다르지 않다. 남학생들도 주로 운동, 공연관람, 사교활동, 독서로 여가를 보낸다. 그러나 여학생들에 비해 게임, 홍대클럽 방문, 댄스, 악기 연주 등 보다 다양한 활동을 하고 있다. 남학생들은 대부분 운동을 즐긴다. 이들은 운동을 취미로, 건강을 위해, 때로는 운동 동아리에 소속되어 사람들을 만나기 위해 즐긴다. 그리고 그 외에 시간이 많을 때는 공연을, 시간이 없을 때는 집에서 게임을 즐긴다. 지하철을 타고 통학하는 시간에는 독서를 즐기거나 음악을 듣고, 일상생활에 지치면 친구를 만나 이야기를 하며 시간을 보낸다.

(4) 여가활동 장소

여가활동 장소는 **여학생**의 경우 집 안과 시내가 가장 많고, 집 근처와 학교 및 학교 근처가 그 뒤를 이었다. 집 안에서 여가활동을 하는 경우에는 독서와 운동, 악기 연주를 하는 경우가 많고 시내에서 여가활동을 하는 경우에는 공연(연극, 뮤지컬, 독립영화 등) 관람을 하는 경우가 많다. **남학생**의 경우 집이라는 응답이 가장 많은데 집에서는 게임을 하는 경우가 대부분이다. 그 밖에 학기 중에는 시간이 넉넉하지 않아 될 수 있는 한 집 주변, 학교 및 학교 근처에서 여가를 즐긴다고 대답하였다. 운동을 하기 위해 헬스장이나 유원지를 찾는다는 대답도 있다. 이외에도 경기장, 통학하는 지하철 안도 여가활동 장소로 언급되었고 그때그때 유동적으로 여가활동 장소를 바꾼다는 경우도 있다.

(5) 여가 참여 시 동반자

여자그룹	남자그룹
－남자친구 －여러 명의 친구 －언니 －혼자	－여자친구 －여러 명의 친구 　공연, 사교와 같은 여가를 즐길 때 －혼자 　운동, 게임, 악기 연주, 독서 등은 혼자 하는 것이 편함

여학생들과 남학생들 모두 공통적으로 친구와 함께 여가활동을 즐기는 경우가 가장 많다. 그러나 여학생에 비해 남학생의 경우 혼자 여가활동을 한다는 응답이 더 높게 나타난다. 남학생들은 운동이나 게임, 독서 등 혼자서 하는 여가활동을 즐기는 경우가 여학생에 비해 많기 때문이다. **여학생들**의 경우 대부분 혼자서 어떤 활동을 하는 것을 꺼린다. 남학생들은 농구나 축구 같은 단체운동이 아닌 한 혼자 운동을 하는 것이 편하다고 생각하는 데 비해 여학생들은 어떤 운동을 하더라도 누군가와 같이 하는 것이 편하다고 생각한다.

Every Day & Every Where with MP3

- **MP3 사용에 대한 소비자행태**
  2009년 집단심층면접조사(Focus Group Interview): 2그룹(남학생 5명, 여학생 7명)

(1) MP3플레이어에 대한 인식

요즘 대학생들은 언제 어디서나 이용할 수 있도록 항상 MP3플레이어를 가지고 다닌다. 그들은 집 밖에서 옆에 이야기 상대가 없을 경우에 MP3플레이어를 이용한다. 대학생들에게 있어 MP3플레이어는 외로움을 해소시켜 주는 말동무이자 친구이며 무료한 시간을 달래 주는 엔터테인먼트 도구이다.

* MP3플레이어의 T. P. O.

T.P.O	남학생그룹	여학생그룹
Time	공통적인 반응 언제, 어디서나, 늘, 항상(Always with me)	
Place	버스, 지하철 안에서 거리를 걸어 다닐 때 운동할 때 운동장에서 공부할 때 책상 앞에서	버스, 지하철 안에서 거리를 걸어 다닐 때 집이나 학교에서 공부할 때
Occasion	영어회화 듣기 순수 음악 감상 이야기상대가 없을 때 무료함 해소 그냥 혼자 앉아 있을 때 무료함 해소	강의 내용 녹음 USB 대신 활용 어학 학습용 공무원시험 강의 시청 영상(TV, 영화) 감상 라디오 감상 텍스트 뷰어로 활용

* 나에게 있어 MP3는?

남학생그룹	여학생 그룹
필수품 친구 간식 즐거움	친구 필수품 2인자 짝꿍 귀마개

* 나에게 있어 MP3 없는 세상은?

남학생그룹	여학생그룹
무미건조 지루한 세상 답답할 것 감정이 메마른 세상	시끄러울 것 지옥이나 매한가지 심심한 세상 지루할 것 너무 조용한 세상

(2) MP3 이용목적

MP3플레이어를 이용하는 주요 목적은 음악감상이다. 공부할 때 외부의 소리를 차단하고 집중하기 위하여 일부러 음악을 듣기도 한다. 남학생들은 주로 순수 음악 감상이라는 목적으로만 MP3플레이어를 이용하는 경우가 많은 데 비해 여학생들은 MP3플레이어가 가지고 있는 여러 가지 기능, 즉 라디오, 녹음, USB 활용, 동영상 재생, 텍스트 뷰어 등 여러 용도로 다양하게 MP3 플레이어를 활용한다.

(3) MP3 선택 시 영향요소

MP3를 구매하기 위한 의사결정을 할 때 큰 영향을 미치는 것은 주위 친구들과 온라인 커뮤니티 순수 회원들의 후기이다. 특히 남학생들과 여학생들 모두 MP3 선택에 중요한 영향 요인으로 먼저 디시인사이드, 에누리닷컴, 네이버 생활의 발견, 지식쇼핑, 브랜드 커뮤니티 등 온라인 커뮤니티를 꼽았다. 그러나 남학생들은 온라인 커뮤니티에서의 정보 신뢰도를 의심하면서 그 정보를 참고만 하는 정도로 활용하는 반면 여학생들은 커뮤니티나 사이트 안에서의 상호교환적 의사소통을 통해 온라인 정보를 더 많이 활용하고 너 근 영향을 받는다.

5 대학생, 인터넷과 통신을 어떻게 이용하나

대학생들은 하루에 2.6시간 인터넷을 하며 전체의 82.2%가
온라인쇼핑 경험이 있다. 휴대폰으로 하루에 8.6건의 통화
를 하고 51.5건의 문자를 주고받으며 한 달 평균 54,406원
의 휴대폰 요금을 지불한다. 그들은 서로 만나지 않아도 온
라인을 통해 서로의 근황을 잘 알고 지낸다. 그들에게 인터
넷이나 휴대폰은 일상생활이자 네트워크 형성의 기본 도구
이다.

대학생 A 양은 수업이 끝난 후 평소처럼 친구와 만나서 백화점에 가는 대신 곧장 집으로 향했다. 평소 사려고 했던 노트북을 인터넷 쇼핑으로 사기 위해서이다. A 양은 "제품의 품질이나 브랜드 등을 생각하자면 백화점에서 사겠지만, 이젠 품질보다는 가격이 더 중요하다"고 말했다. 예전에는 어떤 브랜드를 마음에 두고 꼭 그것을 사려고 했는데 이제는 가격을 먼저 보고 사게 된다는 것이다. 인터넷에서 가격비교 사이트를 통해 최저가 노트북 몇 가지를 골라 놓았다. 성능과 사양을 꼼꼼히 비교해 보고 온라인 쇼핑몰에 들어가 해당 상품을 찾아 사용후기도 읽어 본다. 이 과정에 걸린 시간은 무려 4시간. 그러나 가격 차이가 이삼십만 원 이상이 나기 때문에 그 시간이 아깝지 않다.

A 양은 주말에 노트북 브랜드를 메모해 놓은 수첩을 가지고 용산 오프라인 매장에 가서 실제 제품들을 확인했다. 온라인에서 마음에 들었던 제품 중 하나는 직접 보니 너무 투박해 보여 후보에서 지웠다. 매장에서 추천하는 또 다른 한 제품은 판매가격을 메모해 두었다. 다시 집으로 돌아온 A 양, 최종적으로 한 가지를 골라 인터넷으로 주문을 하고 엄마카드로 결제를 했다. 온라인 쇼핑이 불안하지 않느냐고? 크게 실패해 본 경험이 없는 데다가 요즘에는 소비자분쟁해결기준이랑 이런 게 잘돼 있어 별로 걱정하지 않는다. 생각 없이 오프라인만 고집하는 건 바보짓이라고 생각한다.

인터넷은 대학생 소비자들이 상품을 구매할 때 거쳐야 할 필수적인 코스다. 소비자들은 먼저 오프라인에서 상품의 특징과 디자인을 확인하고 온라인에서 해당 제품의 가격을 찾아본다. 온라인 쇼핑몰이나 카페, 블로그를 찾아 해당 제품을 구매한 다른 소비자의 후기도 꼼꼼하게 읽어 본다. 대략 마음을 정하면 다시 오프라인으로 가서 흥정을 시작한다. 이미 제품특징과 가격범위를 꿰고 있는 소비자를 이길 수 있는 판매자는 많지 않다. 반대로 온라인에서 상품을 검색하고 정보를 확인한 다음 실물을 확인하러 오프라인 매장에 들르기도 한다. 컴퓨터 화면에서는 확인할 수 없었던 미묘한 색감과 무게감, 질감을 확인하고 판매자가 개별적으로 제공하는 여러 가지 부대서비스도 확인한다. 오프라인 가격이 온라인 가격보다 많이 비싸면 소비자는 어떤 물건을 살지 90%쯤 결정한 상태에서도 온라인으로 다시 발길을 돌린다.

1) 인터넷 커뮤니케이션

인터넷은 대학생에게 있어 또 다른 삶의 터전이다. 학업을 위해서는 기본이고 세상 돌아가는 상황을 읽고 사람을 만나고 대화하고 쇼핑을 하고 놀고 즐기기 위해 인터넷을 이용한다. 대학생들은 인터넷을 어떻게 활용하고 있을까? 대학생들의 평균 인터넷 이용시간은 하루 2.6시간이다. 적어도 하루에 한 시간 이상 인터넷을 이용하는 대학생의 비율은 **98.6%**이고 하루 세 시간 이상 인터넷을 이용한다는 응답자도 **45.8%**이다.

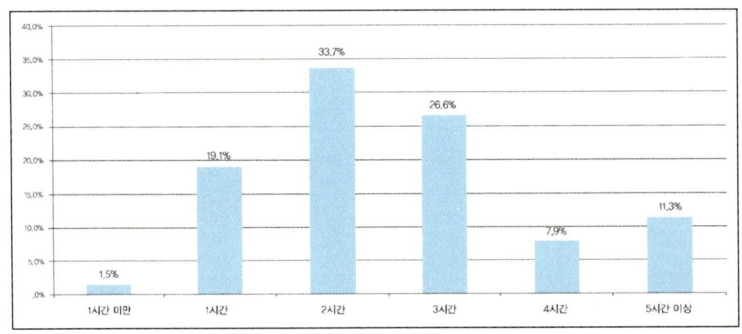

〈그림 Ⅲ-49〉 평균 인터넷 이용 시간

인터넷을 이용하는 주 용도는 정보 검색(62.2%), 블로그나 미니홈피 관리(42.9%), 메신저(25.4%)이다. 인터넷 이용 목적은 성별로 다소 차이를 보여 여학생들은 정보 검색(59.9%)을 위해 인터넷을 가장 많이 이용하고, 다음으로 블로그나 미니홈피 관리(56.6%), 메신저(24.1%)를 하기 위해 인터넷을 많이 이용하는 반면, 남학생들은 정보 검색(64.4%), 게임(30.6%), 블로그나 미니홈피 관리(29.9%)를 하기 위해 인터넷을 이용한다. 남학생들은 여학생에 비해 게임을 하기 위해 인터 넷을 이용하는 비율이 세 배가량 높다.

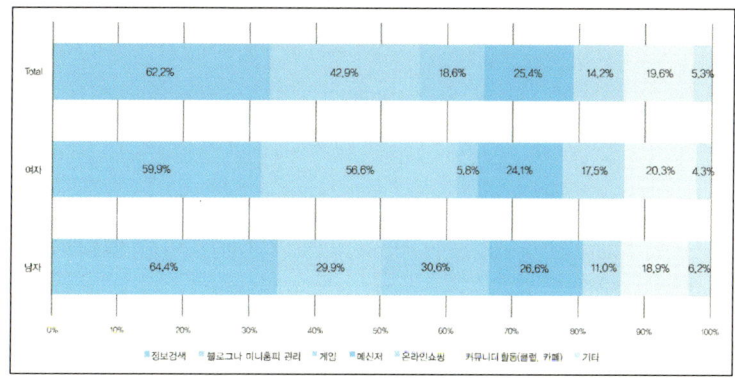

〈그림 Ⅲ-50〉 성별 인터넷 이용용도(복수응답)

대학생들의 인터넷 이용목적을 학년별로 비교해 보면, 학년이 높을수록 정보검색과 클럽이나 카페 등 커뮤니티 활동을 많이 하고, 블로그나 미니홈페이지 관리와 게임, 메신저 활동을 적게 한다.

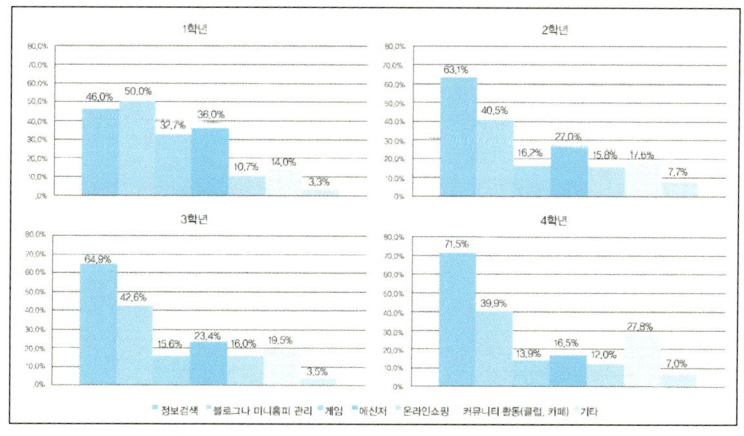

〈그림 Ⅲ-51〉 학년별 인터넷 이용용도(복수응답)

대학생들이 인터넷에서 가장 많이 검색하는 정보의 내용을 세부적으로 살펴보면 뉴스와 신문 검색이 33.9%로 가장 높고, 다음으로는 학습자료 검색(27.6%), 드라마/문화콘텐츠 검색(15.9%) 순이다. 이러한 정보검색 활동은 성별에 따라 차이를 보이는데 여학생들은 학습자료 검색(36.3%)을 가장 많이 하며 다음으로는 뉴스와 신문 검색(23.9%), 드라마와 문화콘텐츠 검색(17.0%)을 많이 하고, 남학생들은 뉴스와 신문 검색(43.4%)을 가장 많이 하며, 다음으로 학습자료 검색(19.3%), 드라마와 문화콘텐츠 검색(14.8%) 순으로 많이 한다.

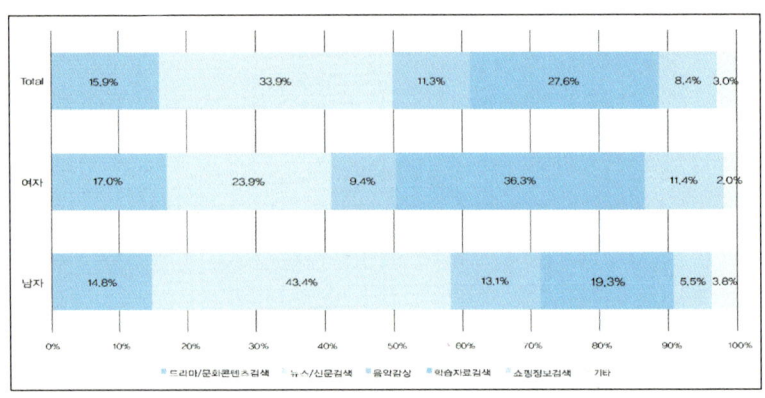

〈그림 Ⅲ-52〉 성별 인터넷 정보 검색 내용

대학생들이 인터넷에서 주로 검색하는 정보의 내용을 학년별로 살펴보면 1학년 때는 비교적 다양한 정보를 검색하지만 학년이 높을수록 뉴스와 신문의 검색 및 학습자료 검색의 비중이 높아진다. 4학년은 뉴스와 신문 검색과 학습자료 검색 비중이 72.1%로 전체의 약 1/3 정도를 차지하고 있다. 학년이 높을수록 학점관리에 신경을 쓰고, 다양하게 정보를 모아 취업을 준비해야 하기 때문이다.

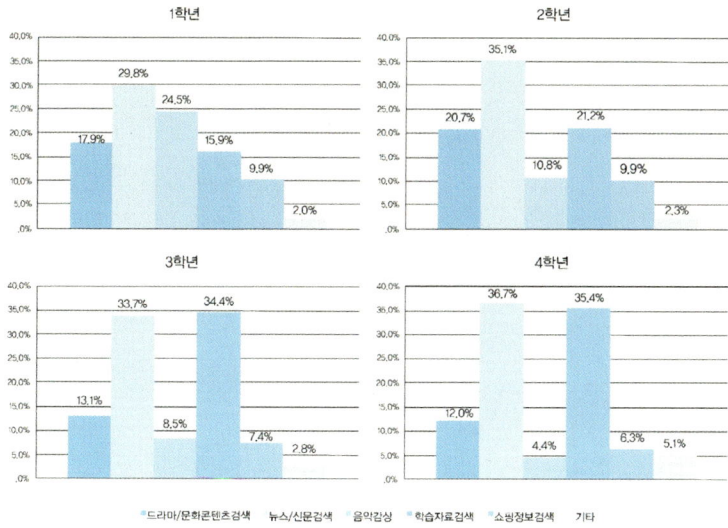

〈그림 Ⅲ-53〉학년별 인터넷 정보 검색 내용

이젠 온라인상에서 보편화된 블로그나 미니홈페이지 활동상황은 어떨까? 전체 대학생 중 **78.2%**의 학생들이 블로그 또는 싸이월드 미니홈페이지를 운영하고 있다. 여학생은 **87.6%**가 남학생은 **78.2%**가 블로그 또는 미니홈페이지를 갖고 있다고 응답하였다.

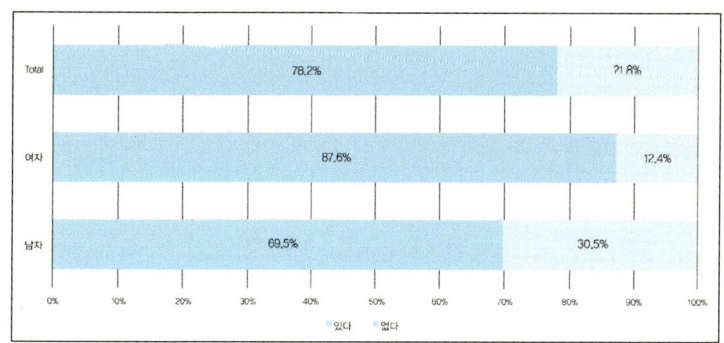

〈그림 Ⅲ-54〉블로그 또는 싸이월드 보유 여부

대학생들이 블로그 또는 싸이월드 미니홈페이지를 운영하는 목적은 성별이나 학년에 관계없이 가까운 친구나 지인들과 의사소통을 하기 위해서(66.7%)인 경우가 가장 많았다. 다음은 '나만의 사이버 공간을 확보하는 차원에서(17.9%)', '나의 지식이나 의견을 타인에게 알리고 공유하기 위해서(6.4%)' 등이었다. 인터넷에서의 블로그나 미니홈페이지가 자신을 표현하고 지인들과 교류하기 위한 커뮤니케이션 장으로서의 목적을 가지고 있음을 알 수 있다.

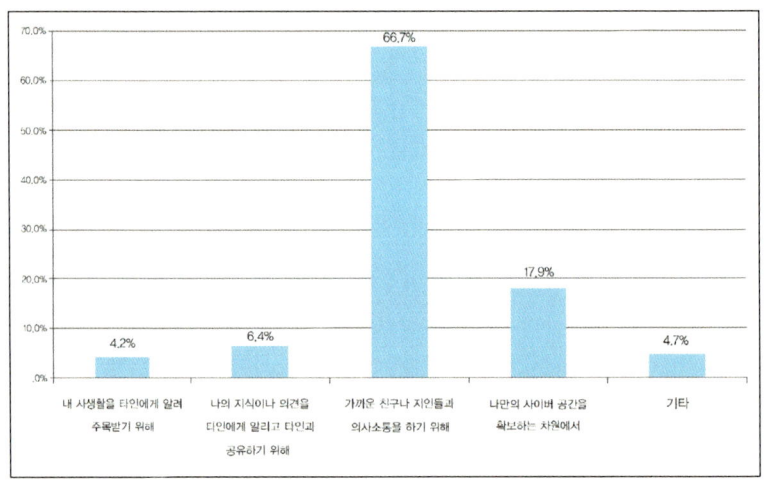

〈그림 Ⅲ-55〉 블로그 또는 미니홈피 관리 목적

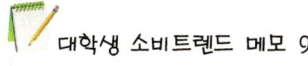

오랫동안 만나지 않아도 뭐하는지 다 알아

대학교 4학년인 C 양은 방학 동안 인턴 하랴 학원 다니랴 너무 바빠서 친구들하고 거의
연락하지 못했다. 그래도 C 양은 친구인 D 양에게 새로운 남자친구가 생겼다는 것, E
군은 취업이 됐다는 것, F 군은 해외로 배낭여행을 다녀왔다는 것을 다 알고 있다. 모두
친구들의 미니홈피, 블로그를 통해서 알게 된 것이다. C 양은 친구들의 흔적이 남아 있
는 미니홈피와 블로그에 들러 친구의 새로운 남친이 어떤지 평가도 해 주고 잘 어울린다
고 축하도 해 주고, 취업이 된 친구에게는 출근한 다음에 폼 나게 마시라고 기프티콘으
로 스타벅스 커피도 한 잔 보내 줬으며, 해외여행을 다녀온 친구의 사진을 보며 친구가
봤던 풍경들을 공유할 수 있었다. 인턴생활을 하며 바빠서 많이 그리웠던 친구들을 만날
수 없는 대신 그렇게라도 서로 소식을 확인할 수 있는 것이 참 흐뭇하다.
오랫동안 연락하지 않아도 친구들이 뭐하고 있는지, 다 알아!

대학생들은 블로그나 미니홈페이지뿐만 아니라 여러 포털 사이트
에서의 카페 활동에도 열심이다. 대학생들의 카페 가입률은 네이버
(80.2%), 다음(86.7%), 싸이월드(88.0%)이다. 세 포털의 인터넷 카페
중 어디에도 가입하지 않은 대학생은 단 1.9%에 불과하다.

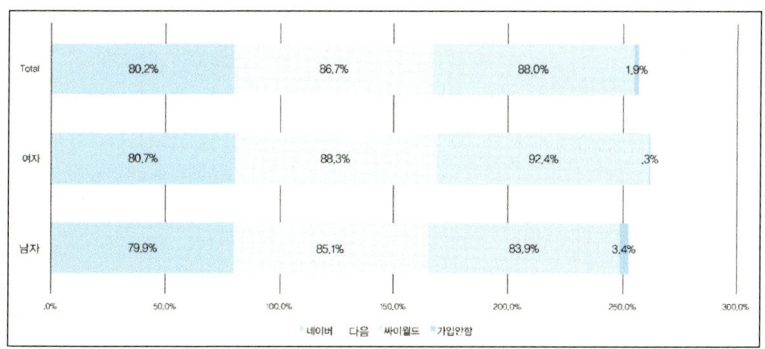

〈그림 Ⅲ-56〉 인터넷 카페 가입 여부

대학생들은 가입한 카페 수는 평균 2.5개이다. 가입한 인터넷 카페 수는 여학생들은 2.6개, 남학생들은 2.5개로 거의 차이가 없다. 학년별로도 1학년 2.6개, 2학년 2.4개, 3학년 2.5개, 4학년 2.7개에 가입한 것으로 나타나 별 차이를 보이지 않는다.

대학생들이 가입한 카페의 테마를 살펴보면 친목도모 카페가 53.7%로 가장 많고, 다음으로 교육스터디(51.9%), 취미레저(39.1%) 순이다. 성별로 비교해 보면 여학생들은 교육스터디 카페에 가장 많이 가입해 있고 그다음은 친목도모(51.5%), 문화예술(45.9%) 카페 순인데 비해 남학생들은 친목도모(55.8%), 교육스터디/취미레저(43.0%), 컴퓨터 인터넷(34.5%) 카페 순으로 많이 가입해 있다. 여학생들은 남학생에 비해 문화예술, 연예인 팬클럽, 미용의류 카페 가입률이 더 높고 남학생들은 여학생에 비해 컴퓨터, 금융재테크, 취미레저 카페 가입률이 더 높다.

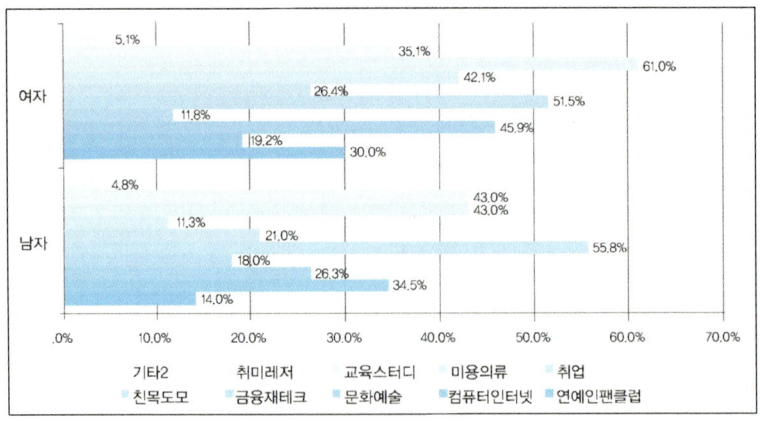

〈그림 Ⅲ-57〉 가입 카페 테마

대학생들이 인터넷 카페에 많이 가입해 있지만 모든 카페에서 열심히 활동하는 것은 아니다. 가입한 인터넷 카페에 얼마나 적극적으로 참여하는지를 알아본 결과 '적극적으로 참여한다'고 응답한 경우가 6.0%이고, '가끔 참여한다'고 응답한 경우가 49.8%로 카페활동에 어떤 형태로든 참여하는 사람은 전체의 55.8% 정도에 불과하다. 이러한 인터넷 카페 참여활동은 성별에 따라 차이를 보인다. 남학생들의 참여율은 61.8%로 여학생들의 참여율인 50.8%보다 11%p가 높았다.

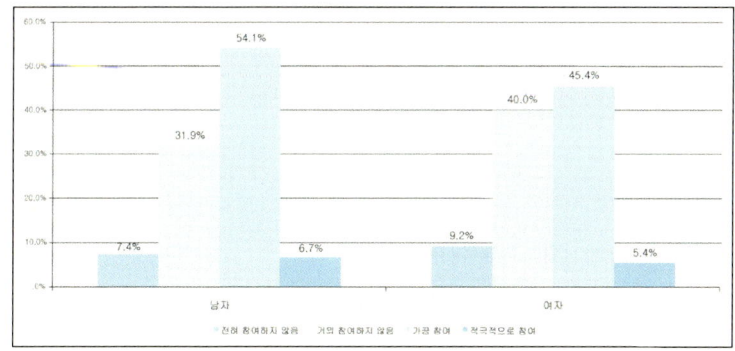

〈그림 Ⅲ-58〉 카페활동 적극성

인터넷 카페에서 게시글에 자신의 의견을 표시하는 댓글을 다는지 여부를 묻는 문항에 대해서는 '게시글을 읽을 때마다 댓글을 단다'는 응답은 전체의 3.1%로 매우 낮았고, '게시글에 대해 찬성하거나 반박할 내용이 있을 때만 댓글을 단다'는 응답은 19.2%였다. 반면에 댓글을 한두 번 달아 보았거나 전혀 달아 본 적이 없는 비율이 전체의 77.7%로 나타났다. 대학생들이 여러 개의 카페에 가입해 있기는 하지만 댓글을 달거나 하는 방법으로 자신의 의견을 표현하는 활동은 그리 활발한 편이 아니다.

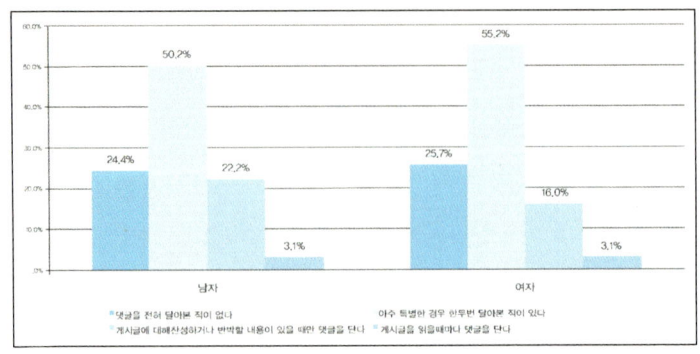

〈그림 Ⅲ-59〉 인터넷 댓글 작성 여부

　　반면 가입한 카페의 댓글을 읽는 비율은 댓글을 다는 비율에 비해
매우 높았다. 가입한 인터넷 카페에서 '댓글을 자주 읽는다'는 응답자
는 33.3%, '가끔 읽는다'는 응답자는 42.2%로 모두 합쳐 전체의 75.7%
에 이르는 많은 대학생들이 자주 또는 가끔 댓글을 읽는다. 성별 특
성을 보면 여학생들은 인터넷 카페에서의 활동 참여나 댓글을 다는
데 있어서 남학생보다 상대적으로 덜 적극적이다. 반면 '댓글을 자주
읽는다'는 응답은 남학생들보다 7.3%p 높다.

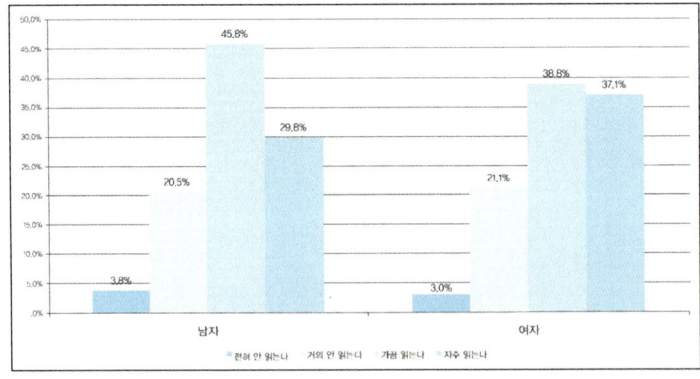

〈그림 Ⅲ-60〉 성별 댓글 읽는 정도

한편 대학생들은 댓글을 크게 신뢰하지는 않는다. 댓글의 내용을
'매우 신뢰한다'고 응답한 사람은 단 1.8%이고 '약간 신뢰한다'고 응
답한 사람도 24.0%에 불과하였다. 반면 '거의 또는 전혀 신뢰하지 않
는다'는 응답은 남학생의 경우 23.4%, 여학생의 경우 29.4%였다. 남
학생들은 댓글 달기에는 여학생들보다 다소 적극적이나 댓글에 대한
신뢰도는 여학생들보다 낮다.

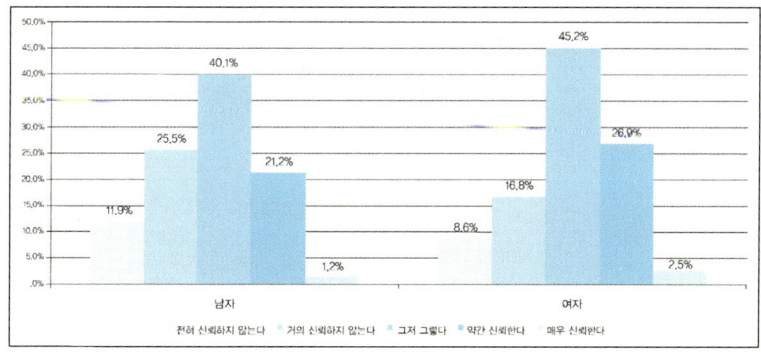

〈그림 Ⅲ-61〉 성별 댓글 신뢰 정도

2) 온라인 쇼핑

한 달에 50만 원 가까운 용돈을 지출하는 대학생들의 온라인 쇼핑
행태는 어떠할까? 대학생 전체의 78.5%가 온라인 쇼핑 경험이 있다.
여학생(82.2%)들이 남학생(74.9%)들에 비해서 온라인 쇼핑 경험이 더
많다. 대학생들은 월평균 1.7회의 온라인 쇼핑을 하고 온라인 쇼핑에
평균 70,927원을 소비한다.

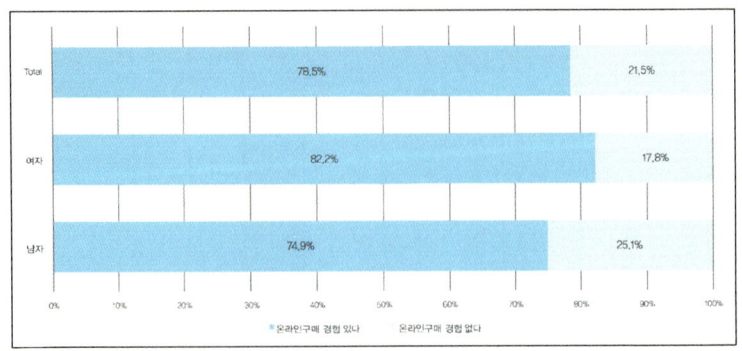

〈그림 Ⅲ-62〉 온라인 쇼핑 경험

대학생들이 온라인 쇼핑을 하는 가장 큰 이유는 '시간절약(33.6%)'
을 위해서이다. 그다음 이유는 '최저가 구매(32.2%)', '제품정보 비교
가 편해서(19.2%)'이다. 여학생들에게는 '최저가 구매(33.5%)'가, 남학생
들에게는 '시간절약(37.6%)'이 온라인 쇼핑을 하는 가장 큰 이유이다.

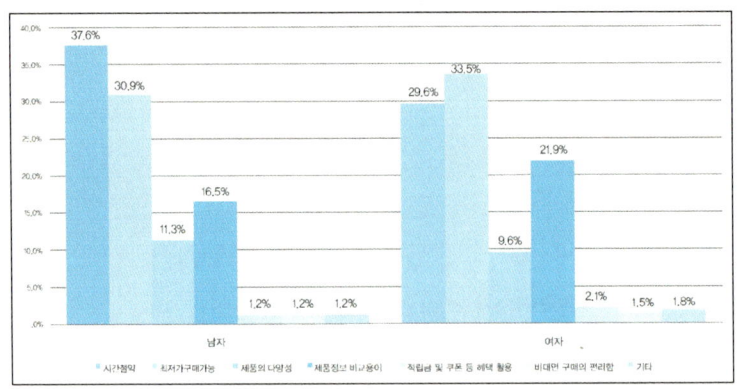

〈그림 Ⅲ-63〉 온라인 쇼핑 이유

온라인 쇼핑에 대한 불만요인은 '비대면거래의 불확실성'이다. 전체
대학생의 40.1%가 이를 가장 큰 요인으로 꼽았고, 다음으로는 '낮은

품질(21.5%)', '신뢰할 수 있는 정보 부재(16.7%)'를 불만으로 꼽았다.

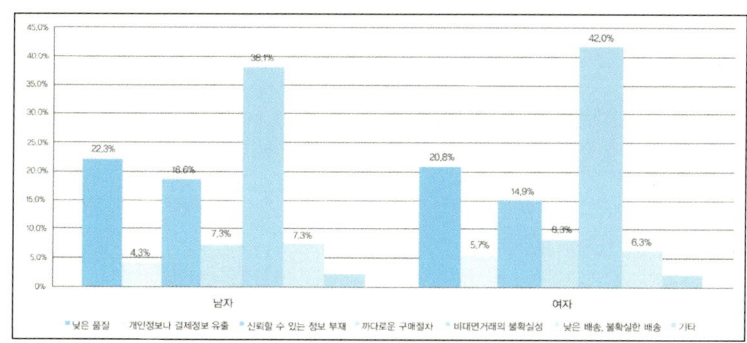

〈그림 Ⅲ-64〉 온라인 쇼핑몰 불만 요소

대학생들은 지난 1년 동안 어떤 온라인 쇼핑몰을 가장 많이 이용했을까? 조사시점까지 2008년 한 해 동안 이용해 본 적이 있는 쇼핑몰을 모두 선택하게 한 결과 대학생들이 가장 많이 이용한 온라인 쇼핑몰 세 개는 G마켓(45.8%), 옥션(30.6.%), 인터파크(13.6%)였다. 성별로는 순위의 차이는 없으나 여학생은 G마켓을, 남학생은 옥션을 상대적으로 더 많이 이용하고 있다. 학년별로 보면 2학년과 4학년은 d&Shop 대신 인터파크를 더 많이 이용하고 있다.

〈표 Ⅲ-9〉 2008 가장 많이 이용한 온라인 쇼핑몰

순위	전체	성별		학년			
		남	여	1학년	2학년	3학년	4학년
1	G마켓 (45.8%)	G마켓 (42.0%)	G마켓 (50.0%)	G마켓 (39.1%)	G마켓 (45.1%)	G마켓 (47.5%)	G마켓 (50.6%)
2	옥션 (30.6%)	옥션 (36.5%)	옥션 (24.3%)	옥션 (25.2%)	옥션 (25.1%)	옥션 (29.8%)	옥션 (31.1%)
3	인터파크 (13.6%)	인터파크 (12.6%)	인터파크 (14.5%)	d&Shop (10.6%)	인터파크 (14.1%)	d&Shop (14.8%)	인터파크 (18.1%)

대학생들의 인터넷 쇼핑에 대한 만족도는 5점 만점에 평균 3.2점이다. 매우 불만족(1.2%) 또는 매우 만족(0.2%)한 사람은 아주 적었고, 대다수가 대체로 만족하거나(42.2%) 또는 보통(44.9%)이라고 응답하였다.

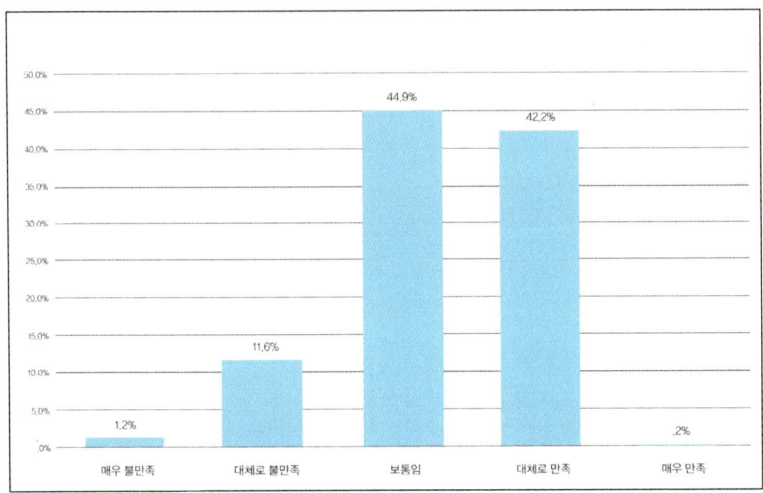

〈그림 Ⅲ-65〉 온라인 쇼핑 만족도

대학생들이 주로 이용하는 쇼핑몰인 G마켓, 옥션, 인터파크의 평균 만족도는 5점 만점에 3.3점으로 세 곳 모두 동일하다. 그러나 '대체로 만족' 또는 '매우 만족'했다에 응답한 비율은 G마켓이 46.6%로 가장 높고, 다음으로는 인터파크(41.8%), 옥션(41.0%) 순으로 나타났다.

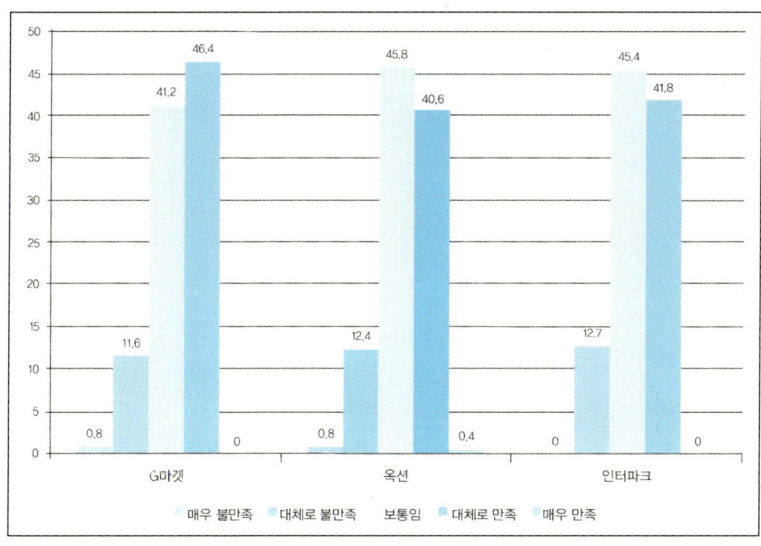

〈그림 Ⅲ-66〉 온라인 쇼핑몰별 만족도

3) 휴대폰

인터넷과 더불어 대학생들의 일상생활에서 뗄 수 없는 것이 휴대
폰이다. 휴대폰은 통화의 수단일 뿐만 아니라 시계이고 거리의 안내
자이고 음악과 방송을 들려주는 오락도구이다. 대학생들의 월평균 휴
대폰 요금은 54,406원이다. 여학생들은 월평균 53,845원을 남학생은
월평균 54,934원을 휴대폰 요금으로 지불한다.

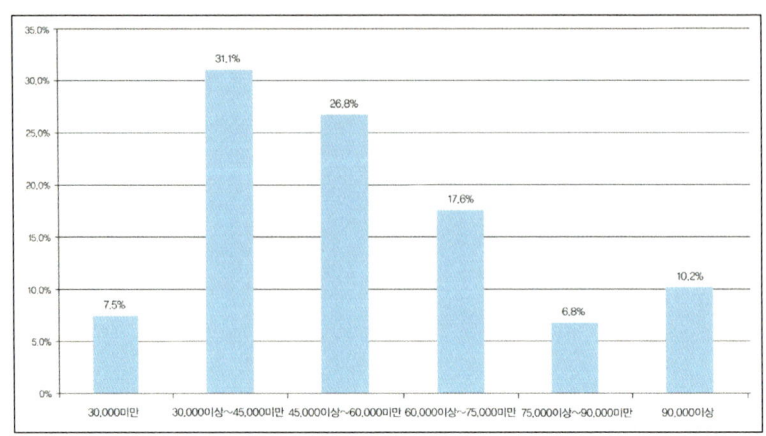

〈그림 Ⅲ-67〉 휴대폰 요금

대학생 중 전체의 **30.8%**만이 휴대폰 요금을 본인이 직접 지불하고 있다. **69%**는 부모님이 휴대폰 요금을 지불한다.

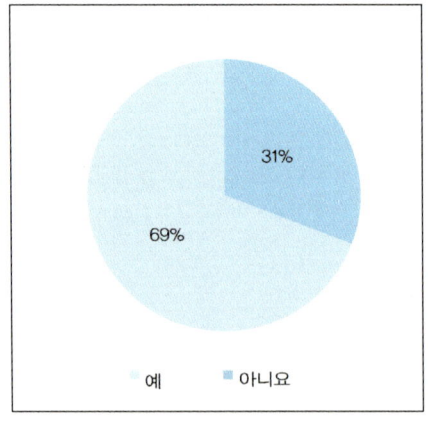

〈그림 Ⅲ-68〉 휴대폰 요금 본인 지불 여부

대학생들은 휴대폰의 기본 기능 외에 다양한 부가서비스를 이용한다. 대학생들이 사용 중인 휴대폰 부가서비스는 평균 2.8개 정도이다. 발신자번호표시는 94.2%의 학생들이 이용하고, 부재중 전화번호 남기기는 50.6%가, 벨소리 다운로드는 24.9%가 이용하고 있다. 여학생들은 2.6개를 이용하는 남학생들에 비해서 더 많은 3.1개의 부가서비스를 이용하고 있다.

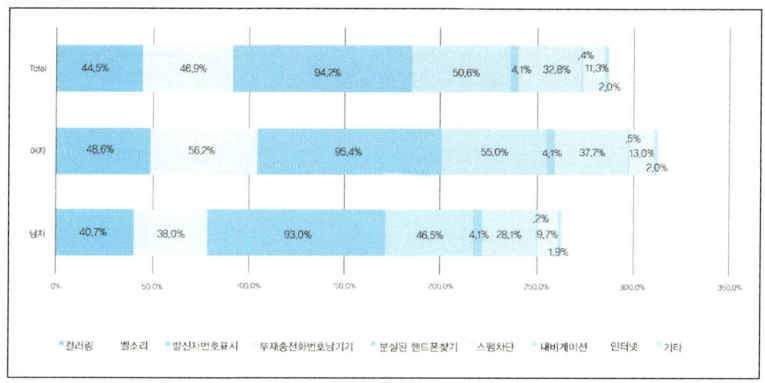

〈그림 Ⅲ-69〉 이용하는 휴대폰 부가서비스

대학생들은 일일 평균 8.6건의 통화를 하고, 51.5건의 문자메시지를 받으며, 48.2건의 문자메시지를 보낸다. 여학생들이 통화를 약간 더 많이 하고, 문자메시지를 더 많이 주고받으니 큰 차이를 보이지는 않는다. 반면 휴대폰요금은 남학생들이 더 많이 지불하고 있는데, 이는 남학생들이 여학생들에 비해서 휴대폰으로 인터넷 서비스를 더 많이 이용하기 때문이다. 남학생들은 일일 평균 0.2시간 휴대폰으로 인터넷 서비스를 이용한다.

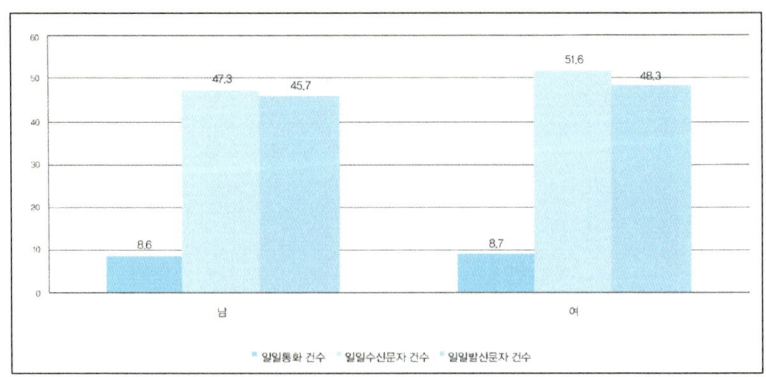

〈그림 III - 70〉 휴대폰 사용 실태

대학생의 절반 이상인 52.%가 SKT를 이용하고 있고, KTF를 35.4%가, LGT를 12.5%가 이용하고 있다. SKT는 남녀 모두 52.0%로 가장 많이 이용하고 있고, 다음은 KTF로 남녀 각각 36.5%, 34.3%가 이용하고 있으며 LGT는 남녀 각각 11.5%, 13.7%가 사용하고 있다. 통신사 사용 비율은 성별로는 큰 차이가 없었다.

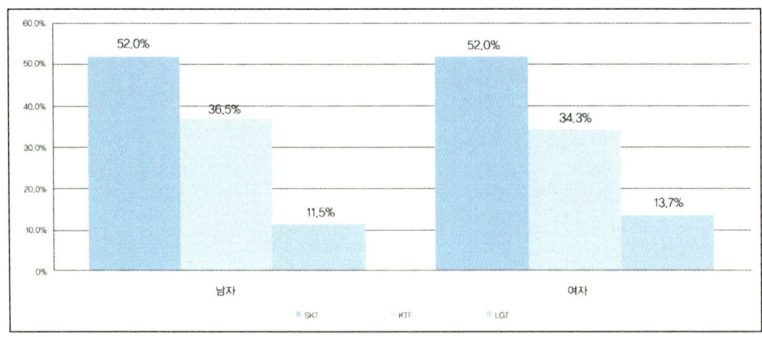

〈그림 III - 71〉 이용하는 이동통신사

대학생들은 이용하는 이동통신사에 대해 전체의 42.3%는 '대체로 또는 매우 만족한다'고 응답하였고 12.4%가 '대체로 또는 매우 불만족한다'고 응답하였다. 통신사별로 보면 SKT에 대한 만족도가 49.7%로 가장 높았고, 다음은 KTF(35.4%), LGT(30.4%) 순이다.

〈표 Ⅲ-10〉 이용 이동통신사 만족도

항목	비율
매우 불만족	2.2%
대체로 불만족	10.2%
그저 그럼	45.3%
대체로 만족	38.7%
매우 만족	3.6%

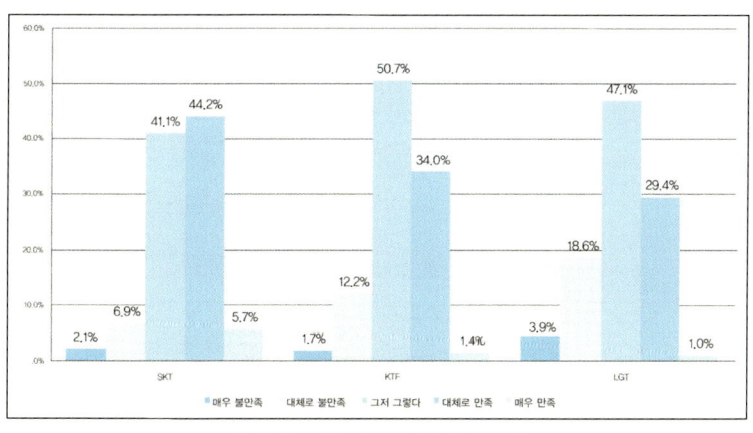

〈그림 Ⅲ-72〉 이동통신사별 만족도

이용하는 이동통신사에 대한 만족도에 영향을 미치는 요소는 전체적으로 통화품질(45.9%), 멤버십카드 혜택(40.1%), 통신사브랜드이미지(32.5%) 순이다. 통화요금이나 요금제의 다양성 등 요금 관련 요소

도 43%로 높은 편이다. 기타 요소로 통신사에 따른 휴대폰기기설정, 고
객상담과 A/S, 부가서비스의 다양성, 직원의 친절함 등이 거론되었다.

〈표 Ⅲ-11〉 이동통신사 만족 이유

항 목	%	항 목	%
통화품질	45.9%	고객 상담과 A/S	9.6%
멤버십카드 혜택	40.1%	부가서비스의 다양성	7.1%
통신사브랜드이미지	32.5%	직원의 친절함	6.0%
통화요금 수준	26.7%	각종 오프라인 이벤트	2.0%
요금제의 다양성	16.3%	기타	1.4%
통신사에 따른 휴대폰기기설정	10.5%		

이동통신사별로 만족하는 요인을 살펴보면 LGT와 KTF는 통화요
금 수준(각각 42.8%와 59.4%), SKT는 통화품질(64.7%)이 가장 높다.
다음 요소는 SKT의 경우 통신사 브랜드 이미지와 멤버십카드 혜택이
고 KTF는 멤버십카드 혜택과 요금제의 다양성이며, LGT의 경우는
통화품질과 멤버십카드 혜택이다.

〈표 Ⅲ-12〉 통신사별 이동통신 만족요인

	SKT	KTF	LGT
1	통화품질(64.7%)	통화요금수준(42.8%)	통화요금수준(59.4%)
2	통신사브랜드이미지(46.1%)	멤버십카드 혜택(37.4%)	통화품질(28.7%)
3	멤버십카드 혜택(45.6%)	요금제의 다양성(28.4%)	멤버십카드 혜택(24.8%)

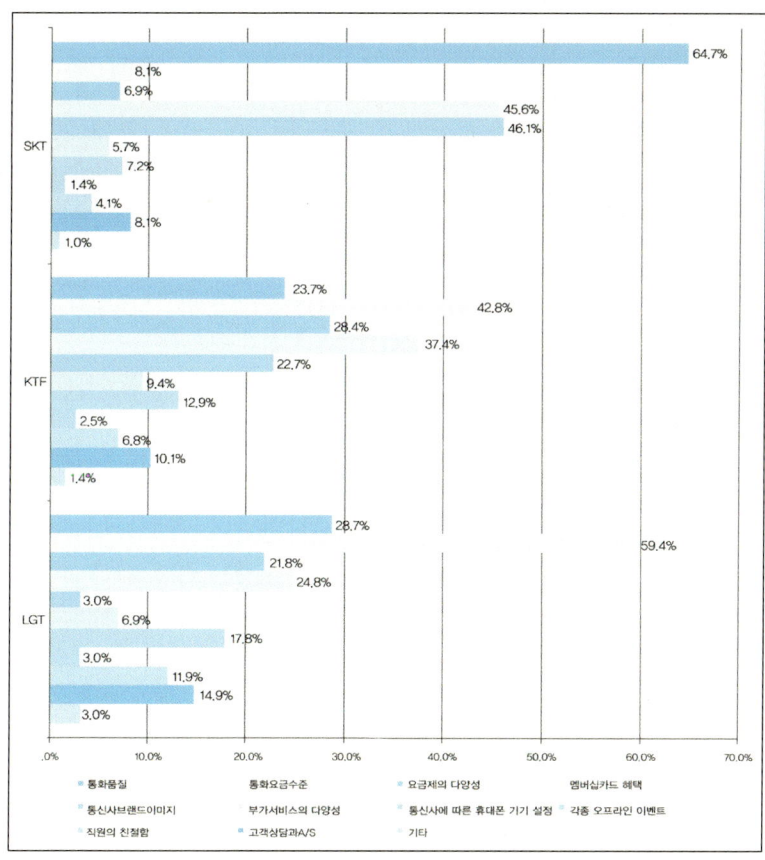

〈그림 Ⅲ-73〉 이동통신사별 만족요소

　　대학생들이 이용하는 이동통신사의 불만족요소는 전체적으로 통화요금수준(54.4%), 요금제의 다양성(33.3%) 등 요금에 관한 것이 가장 많았다. 다음은 멤버십카드 혜택(24.1%)과 통화품질(23.3%) 등이다.

<표 III-13> 전체 이동통신사 불만족요소

항 목	%	항 목	%
통화요금 수준	54.4%	부가서비스의 다양성	11.2%
요금제의 다양성	33.3%	통신사 브랜드 이미지	7.7%
멤버십카드 혜택	24.1%	고객상담과 A/S	7.4%
통화품질	23.3%	직원의 친절함	4.9%
통신사에 따른 휴대폰기기 설정	17.2%	기타	1.4%
각종 오프라인 이벤트	12.4%		

이동통신사별로 살펴보면 LGT의 경우와 KTF는 통화품질(각각 46.1%와 39.7%)이, SKT는 통화요금수준(77.3%)이 가장 큰 불만족요소인 것으로 나타났다. 이 결과는 이동통신사에 대한 만족요인과 정확하게 대치되는 결과로 대학생들이 SKT는 상대적으로 통화품질은 좋으나 통화요금이 높다고 인식하고 있고 LGT와 KTF에 대해서는 통화품질은 상대적으로 낮으나 요금수준도 낮다고 인식하고 있음을 보여 준다.

<표 III-14> 이동통신 불만족요인

	SKT	KTF	LGT
1	통화요금수준(77.3%)	통화품질(39.7%)	통화품질(46.1%)
2	요금제의 다양성(37.8%)	통화요금수준(34.3%)	멤버십카드 혜택(29.4%)
3	멤버십카드 혜택(19.0%)	멤버십카드 혜택(29.6%)	요금제의 다양성(26.5%)

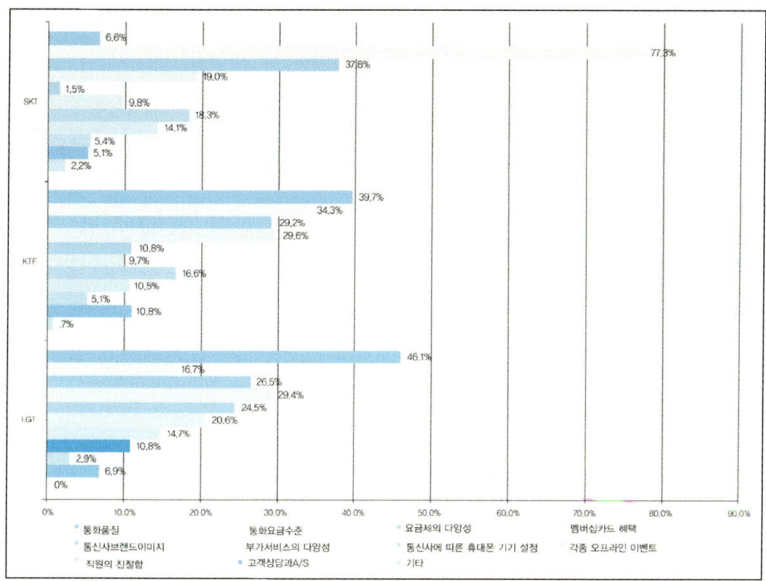

〈그림 Ⅲ-74〉 이동통신사별 불만족요소

    대학생 중 절반 이상이 이동통신사를 변경할 의사가 있다고 밝혔다. 통신사별로 살펴보면 LGT를 이용하는 대학생들은 78.4%가, KTF를 이용하는 대학생들은 67.4%가, SKT를 이용하는 대학생들은 44.6%가 앞으로 이동통신사를 변경할 의사가 있다고 응답했다.

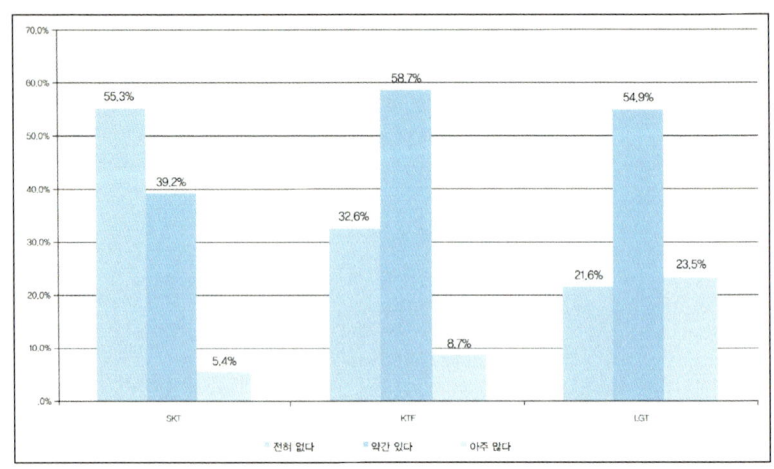

<그림 Ⅲ-75> 이동통신사별 이동통신사 변경 의향

성별로는 남자(55.1%)보다 여자(58.9%)가 이동통신사를 변경할 의향이 높았고, 학년별로는 1학년 50.3%, 2학년 58.3%, 3학년 59.3%, 4학년 60.1%로 학년이 높을수록 이동통신사 변경 의향이 높았다.

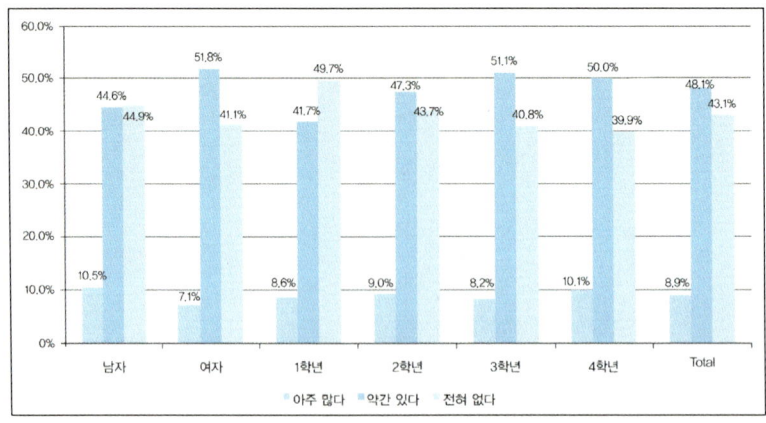

<그림 Ⅲ-76> 성별, 학년별 이동통신사 변경 의향

다른 사람에게 현재 본인이 쓰는 이동통신사를 추천하겠느냐는 질문에 대해서 전체의 5.3%만이 추천하겠다는 의사를 보였다. SKT를 이용하는 경우는 8.3%가 추천하겠다고 답해 3개 이동통신사 중 가장 높은 추천율을 보였고, KTF를 이용하는 경우는 1.7%가 LGT를 이용하는 경우는 2.9%가 현재 이용하는 통신사를 타인에게 추천하겠다고 응답했다.

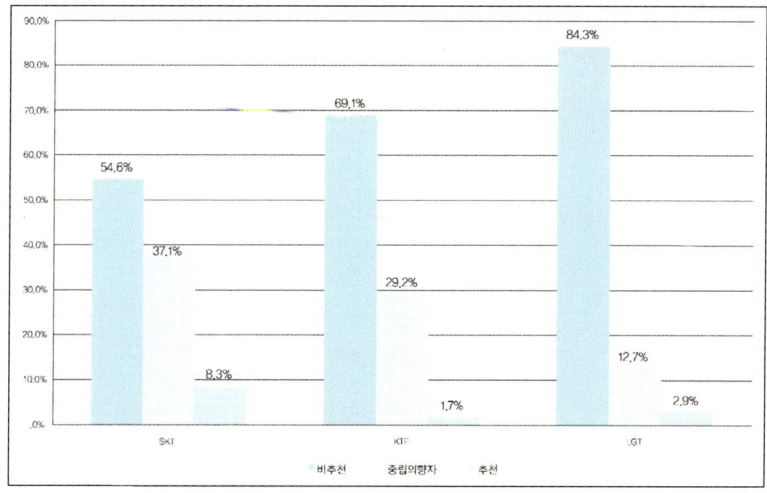

〈그림 Ⅲ-77〉 이동통신사별 추천의도

성별로는 남학생(5.0%)보다 여학생(5.6%)의 추천 의도가 근소하게 높고, 비추천 의도는 남학생이 71.4%로 여학생 55.1%보다 월등하게 높다. 학년별로는 3학년의 추천 의도가 8.5%로 가장 높고, 2학년이 3.2%로 가장 낮다.

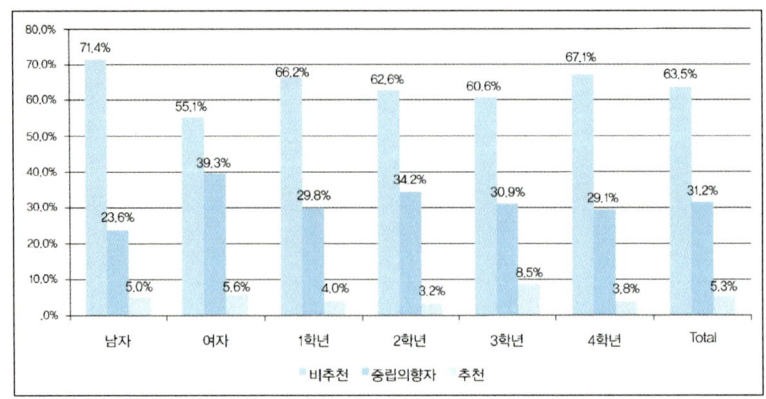

〈그림 Ⅲ-78〉 성별, 학년별 이동통신사 추천의향

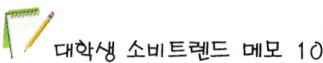
대학생 소비트렌드 메모 10

Oh! Finger Muscle

요즘 대학생들의 손가락은 남자, 여자를 막론하고 아주 섬세할 것이다. 왜냐하면 손가락으로 아주 많은 것을 하기 때문이다. 예전에 여염집 규수들이 뜨개질을 하거나 수를 놓으면서 섬세함을 단련했다면 요즘 청년들과 아가씨들은 컴퓨터를 하고 휴대폰을 사용하면서 섬세함을 학습한다. 자판을 안 보고 키보드를 정확하게 두드리는 것은 물론 휴대폰 화면을 안 보고 정확하게 문자를 적어 보낸다. 심지어 이모티콘까지도 보낸다. 수업시간에 얼굴은 강사를 주목하고 있는데 책상 아래에서 손가락만으로 자판을 읽고 누르는 강도를 조절한다. 손톱을 길게 기른 여학생들도 별 어려움을 느끼지 않는 것 같다. 그들의 손가락 근육은 한 세대 전의 젊은이들에 비해 아주 세밀하게 발달하지 않았을까?

인터넷을 통해 타인의 생각을 안다

• **인터넷에 대한 소비자행태**
2009년 집단심층면접조사(Focus Group Interview): 2그룹(남학생 6명, 여학생 6명)

(1) **인터넷에서 무엇을 하나**

대학생들은 인터넷을 대체로 정보 검색과 메일 이용. 블로그나 카페활동, 뉴스서비스 읽기 등을 할 때 이용한다. 여학생의 경우 남학생에 비해 좀 더 다양한 용도로 인터넷을 이용하고 있다. 면접 대상자들은 인터넷에 다양한 댓글을 올리거나 읽고 있었는데 이들은 게시판에 게시된 글의 본문보다 그 글에 대한 타인의 생각을 알고 싶어 댓글을 주로 읽는다고 한다.

(2) **포털사이트에 대한 이미지**

'네이버'에 비해 '다음'에 대한 이미지가 뚜렷하지 않은 것으로 나타난다. '네이버'의 경우 녹색이나 검색창에 대한 이미지가 강하게 각인되어 있고 긍정적인 반면, '다음'에 대한 이미지는 다소 부정적이며 뚜렷하게 특색 있는 이미지가 나타나지 않는다.

여학생		남학생	
다음	네이버	다음	네이버
−파란색	−녹색창	−카페	−빙산
−파랑/빨강	−날개 달린 모자	−동호회	−쉬운 느낌
−오래된 느낌	−선인장	−끝나가는 사이트	−검색
−웹툰	−젊고 싱그러운 느낌	−망해가는 느낌	−많은 카테고리
−카페	−20대의 분위기	−몰락한 느낌	−다양함
−아고라	−네이버 주니어	−잊힌 왕	

(3) **'네이버'를 선호하는 이유**

- 네이버 검색창을 이용하는 게 습관이 돼서
- 뉴스가 보기 편해서
- 제공하는 메일 용량이 커서
- 지식인 이용을 많이 하기 때문에
- 즐길 거리가 많기 때문에
- 주니어 네이버를 쓰다가 자연스럽게 이용
- 자료가 많아서
- 사람들이 많이 쓰기 때문에
- 광고를 많이 해서 호기심으로 이용하다가

그들 생활의 일부가 되어 버린 휴대폰

- **휴대폰에 대한 소비자행태**
  2009년 집단심층면접조사(Focus Group Interview): 2그룹(남학생 7명, 여학생 7명)

(1) 휴대폰 이용패턴

대학생들은 휴대폰을 일정관리를 하거나 시간표 작성을 하는 데, 지하철 노선을 확인하는 데, 아침에 깨워 주는 모닝콜을 이용하는 데 등으로 다양하게 활용한다. 대학생들의 바쁜 일과에 휴대폰은 좋은 보조도구이다. 그뿐이랴. 지하철을 타고 등하교를 할 때 음악과 방송을 들려주고 게임을 할 수 있게 도와주며 지루함을 달래 주는 좋은 친구이다.

(2) 휴대폰 이용현황

대학생들은 이동통신사가 제공하는 서비스 중 문자와 전화, 무선 인터넷 등 다양한 이동통신서비스를 자주 이용한다. 특히 성인들이 문자보다 음성통화를 주로 하는 데 비해 대학생들은 문자와 음성통화를 거의 비슷비슷한 수준으로 이용한다.

(3) 휴대폰의 의미

대학생들에게 휴대폰의 의미는 무엇인가? '휴대폰은 나에게 있어 ○○○이다'라는 질문을 통해 파악한 결과 여학생들은 휴대폰을 필수품, 연락망, 일상 등이라고 응답하여 대다수가 휴대폰을 그들의 생활의 일부로 받아들이고 있음을 알 수 있었다. 반면 남학생들의 경우 시간절약과 의사소통 그리고 유대감 형성을 위해 휴대폰을 많이 사용하지만 휴대폰이 없어도 크게 생활에 지장을 받지 않는다고 답변했다.

남자 대학생 그룹	여자 대학생 그룹	남녀 그룹 공통
-휴대폰이 없어도 생활에 크게 지장을 받지 않음 -휴대폰은 의사소통을 위해 필요 -휴대폰은 유대관계를 위해 필요 -휴대폰은 시간절약을 위해 필요	-휴대폰은 필수품 -휴대폰은 일상. 휴대폰이 없으면 일상이 마비될 것 -휴대폰은 타인과의 관계를 이어 주는 연락망	-일정 기능과 시간표, 지하철 노선도, 모닝콜 기능을 이용 -문자와 음성통화 서비스 이용 비중이 비슷

6 대학생, 자기계발은 어떻게 하나

대학생들은 교양을 넓히는 독서와 신문구독보다는 학원에 다니고 전공공부에 전념하고 취업에 필수적이라고 생각하는 해외연수를 다녀오는 데 관심이 많다. 대학생들은 한 달 평균 1.9권의 책을 읽는다. 전체의 44.9%가 대학 재학 중 학원을 다녔고 10.6%가 해외연수를 다녀왔다. 대학생의 47.2%는 학교활동 중 전공공부를 가장 열심히 하고 있다. 대학은 그들에게 어떤 의미인가? 대학생들은 대학에서 무엇을 얻고 있는가?

언제	어디에?	얼마?
1학년	2학기분 등록금	1,150만 원
	책값(웬만하면 안 사고 복사해 사용)	40만 원
	동아리활동용 일렉기타와 앰프	65만 원
군복무	휴가 나왔을 때 쓴 용돈 말고는 거의 사병 월급 월 6만~8만 원으로 해결한 착한 아들	0만 원
제대 후~복학 전	영어학원 6개월(토익학원)	240만 원
	유럽 배낭여행(제대 및 복학 기념) 3주	450만 원
2~3학년	4학기분 등록금	1,800만 원
	교재비 등 각종 책값	100만 원
	학원비(학교에서 별도 토익강의)	85만 원
	원어민 free-talking 2개월	60만 원
어학연수 1년	캐나다 토론토에서 1년(학원비와 생활비)	3,000만 원
	연수 끝나고 잠시 뉴욕여행	180만 원
4학년	2학기분 등록금	900만 원
	책값(교재 외 영어공부용, 취업준비 서적 등)	60만 원
	운전면허 취득	55만 원
	몸매관리를 위한 헬스 6개월	30만 원
	자격증(AutoCAD, MOS, 건축기사 등)	350만 원
	여름방학 단기 해외인턴십	340만 원
기타 취직 대비	피부관리 6회분	30만 원
	면접용 양복 구입	55만 원
	콧대 세우는 필러 성형수술	70만 원
	면접 학원(영어면접, 이미지 메이킹 학원)	120만 원
계		9,190만 원

 * 부모님과 함께 구로구에 살고 있는 2남 중 둘째아들
 ** 인간관계의 저변을 확대하기 위해 사용한 술값과 기타 교제를 위한 비용, 교양을 높이기 위해 투자한 각종 공연관람 비용 등은 투자분을 계산하기가 어려워 포함하지 않음
 *** 위 학생은 4학년 과정까지 필요한 모든 과목을 이수한 상태이나 졸업시험을 안 보고 졸업을 유예하여 아직 학생신분을 유지한 채로 취업준비를 하고 있음

1) 독서와 신문

대학생들은 학기당 보통 6~7과목을 수강하고 과목당 한두 권의 교재를 산다. 대부분의 교재용 책값은 2만 원을 넘는다. 전공공부를 하고 수업을 듣기 위한 교재 외에 이들의 독서실태는 어떨까? 대학생들은 한 달 평균 1.9권의 책을 읽는 것으로 나타났다. 여학생은 월평균 2.0권, 남학생은 1.8권을 읽는다.

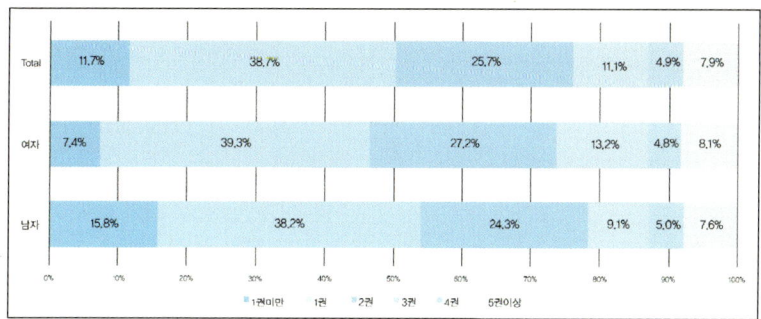

〈그림 Ⅲ-79〉 성별 월평균 독서량

학년별로 살펴보면 각 학년의 월평균 독서량은 1학년 2.0권, 2학년 2.1권, 3학년 1.8권, 4학년 1.9권으로 2학년의 월평균 독서량이 가장 많으나 큰 차이는 없다.

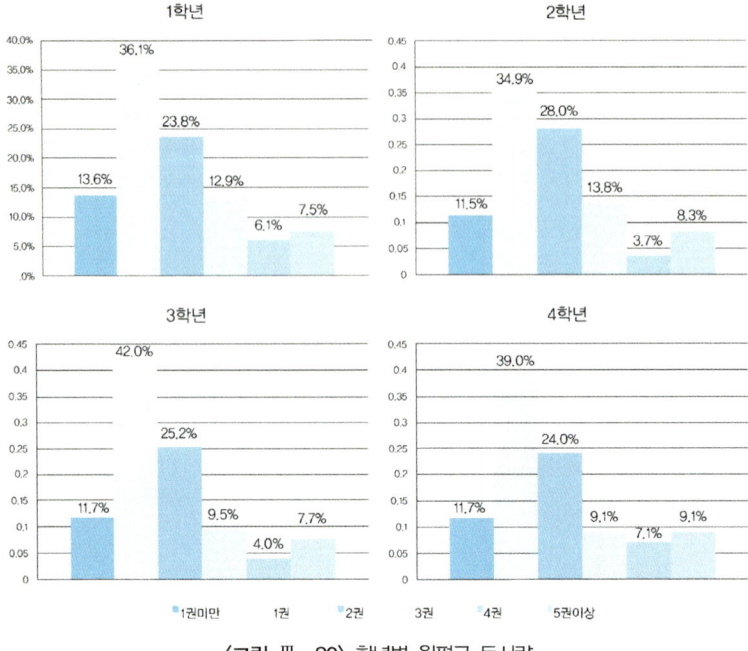

〈그림 Ⅲ-80〉 학년별 월평균 독서량

　대학생들이 선호하는 독서 장르는 순수문학(44.1%), 로맨스(29.4%), 경제경영(27.1%) 순이다. 이 선호도는 성별에 따라 차이를 보여 여학생들은 순수문학(56.0%), 로맨스(41.9%), 경제경영(21.5%) 순으로, 남학생들은 순수문학(34.4%), 경제경영(32.3%), 무협판타지(24.9%) 순으로 선호한다.

　학년별로 살펴보면 순수문학 장르는 전 학년에 걸쳐서 가장 많이 보는 장르이다. 학년이 높을수록 경제경영 장르를 많이 보고, 무협판타지, 공상과학 장르는 적게 본다.

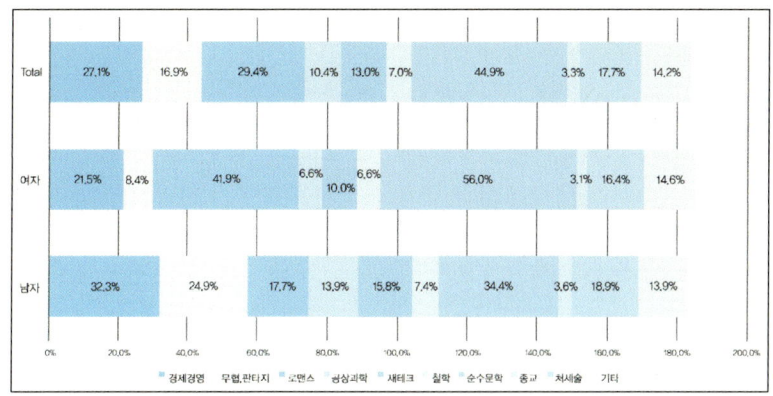

〈그림 Ⅲ-81〉 성별 선호 문학 장르

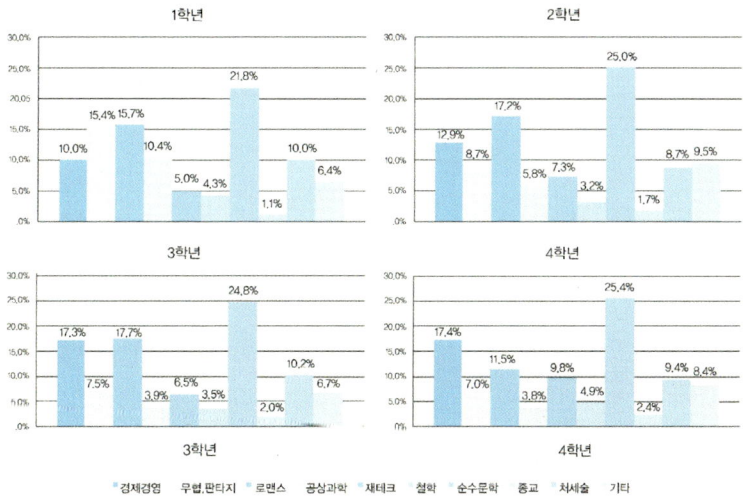

〈그림 Ⅲ-82〉 학년별 선호 문학 장르

　　대학생들은 전체의 **50.4%**가 대형서점을 방문해서 도서를 구매한
다. 인터넷전용서점과 대형서점 온라인 매장을 이용하는 학생들도 각
각 **23.1%, 12.7%**에 달하는 등 전체의 **86.2%**가 온오프라인의 대형서

점이나 인터넷 전용서점을 이용하고 있다. 여학생(68.6%)은 남학생
(57.0%)에 비해서 온오프라인의 대형서점을 더 많이 이용하고, 남학
생(16.0%)은 여학생(8.2%)에 비해서 학교 구내서점과 동네서점 등 소
규모 서점을 더 많이 이용한다.

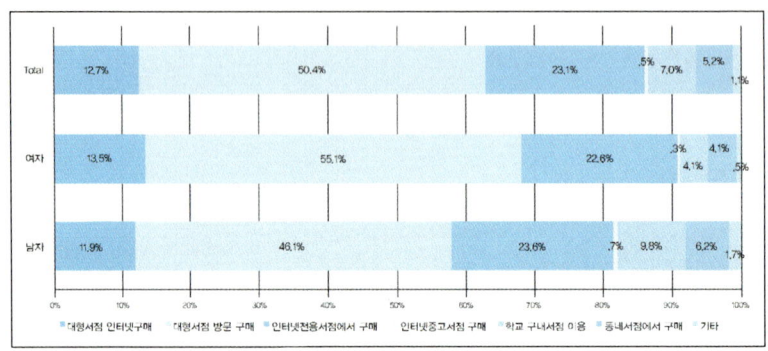

〈그림 Ⅲ-83〉 도서 구매 장소

대학생들은 종이로 된 오프라인 신문보다 온라인 신문 구독에 더
익숙하다. 전체 대학생들 중 53.3%는 인터넷을 통해서만 신문을 구독
하고 있다. 오프라인만으로 신문을 구독하는 학생은 12.1%에 불과하
다. 온라인과 오프라인 신문을 모두 구독하는 대학생들은 전체의
22.9%였으며 아무 신문도 읽지 않는다는 경우는 11.6%이다.

인터넷 신문은 여학생(57.6%)이 남학생(49.6%)에 비해서 더 많이
구독하고 있고, 온라인과 오프라인 신문을 모두 구독하는 경우는 여
학생(18.5%)보다 남학생(27.0%)이 더 많다.

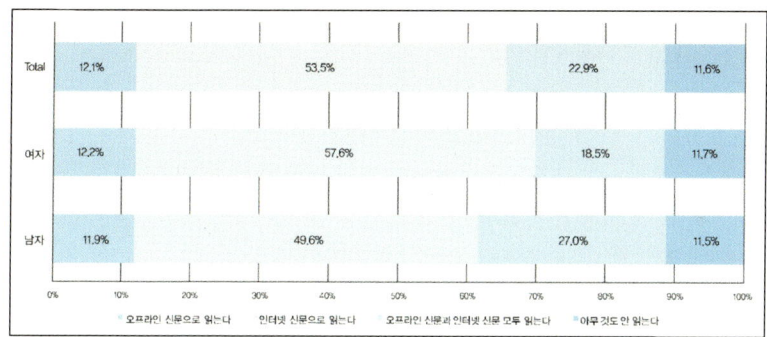

〈그림 Ⅲ-84〉 신문 구독 형태

　　온라인 신문을 구독하는 대학생들은 대체로 신문사 사이트가 아닌
포털사이트의 뉴스페이지를 통해 신문을 구독한다. 이들이 많이 이용
하는 뉴스페이지는 네이버(44.5%), 다음(16.9%), 네이트(1.8%) 포털의
순이다.

〈표 Ⅲ-15〉 주요 온라인 신문 구독 사이트

순 위	온라인 신문 구독 사이트
1	네이버(44.5%)
2	다음(16.9%)
3	네이트(1.8%)

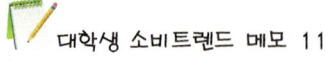

대학생 소비트렌드 메모 11

네이버일보와 다음일보

오늘날 종이로 된 신문을 읽는 대학생은 20% 정도이다. 그나마 그중 일부는 조중동 등의 유료 신문이 아닌 포커스나 메트로 같은 무가지를 읽는다. 대학생들은 주로 온라인에서 뉴스를 읽는다. 그것도 신문사 홈페이지가 아닌 포털사이트의 기사를 읽는다. 우선 포털의 메인에서 눈에 띄는 연예기사를 먼저 읽고 그다음에는 민감한 이슈가 되는 사회문제나 경제문제와 관련된 기사를 몇 번 더 클릭한다. 거기까지다. 포털이나 무가지에서 세상이 어떻게 돌아가는지 이해하는 데 필요한 최소한의 내용만 읽어 준다.

종이로 된 신문을 읽는 것이 대학생의 자기계발에 필요하다고 생각하는 사람이 얼마나 될까? 이 질문에 대해 40명의 대학생 중 40명이 신문을 읽는 것이 자기계발에 도움이 될 것이라고 대답했다. 그러나 실제로 대부분의 학생은 종이로 된 신문은 읽지 않는다. 왜냐고 물었더니 다음과 같이 대답했다.

"읽을 시간이 없어요."
"돈을 주고 읽고 싶지는 않아요."
"온라인 뉴스가 더 믿을 만하지 않나요?"
"공부하려면 머리를 비워 놓아야 해서……."
"종이에 인쇄된 기사보다 모니터에서 보는 기사가 더 편해요."

대학생들이 가장 선호하는 신문은 한겨레신문이다. 전체 대학생의 32.5%가 한겨레신문을 가장 좋아한다고 응답하였고, 다음으로 중앙일보(17.4%), 조선일보(16.2%), 동아일보(9.6%) 순이었다.

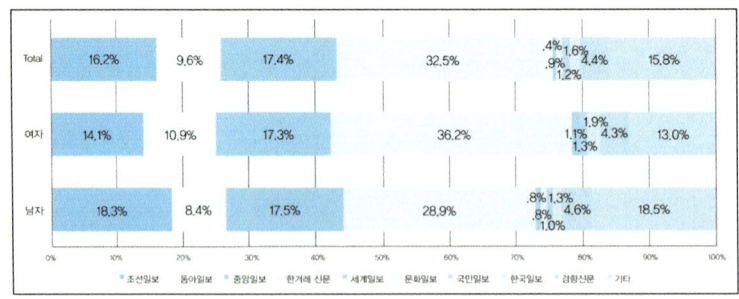

〈그림 Ⅲ-85〉 성별 선호하는 신문

온라인이나 오프라인으로 신문을 구독하는 학생 중 전 학년에 걸쳐 가장 많이 보는 신문은 한겨레신문이다. 학년이 낮을수록 조선일보를 많이 본다.

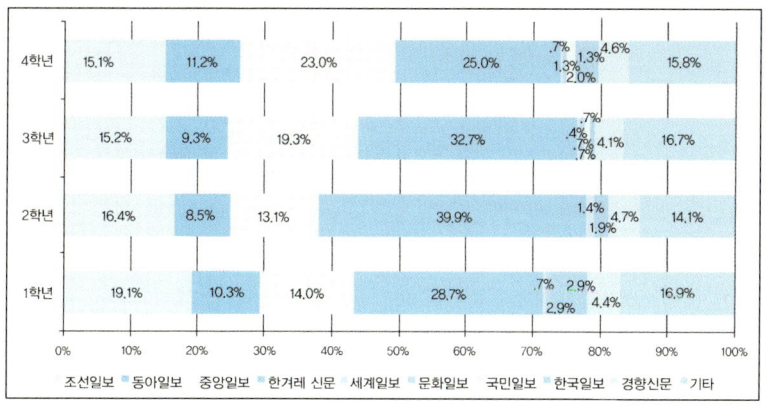

〈그림 Ⅲ - 86〉 학년별 선호하는 신문

대학생들은 신문의 섹션 중, 사회면(24.3%)을 가장 자세히 보고, 다음으로는 경제면(19.2%), 생활문화면(17.3%) 순으로 즐겨 보고 있었다. 여학생들은 사회면(29.9%), 생활문화면(25.6%), 연예면(20.2%) 순으로 즐겨 보고 남학생들은 스포츠면(26.5%), 경제면(24.3%), 사회면(18.9&) 순으로 즐겨 보는 것으로 나타났다.

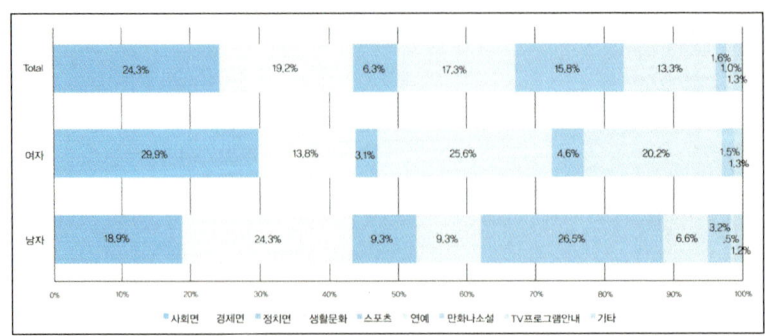

<그림 Ⅲ-87> 성별 선호 신문 섹션

학년이 높을수록 경제면·생활문화면을 선호하고, 스포츠면·연예면에 대한 선호는 감소한다. 사회면은 학년에 관계없이 가장 선호하는 섹션이다.

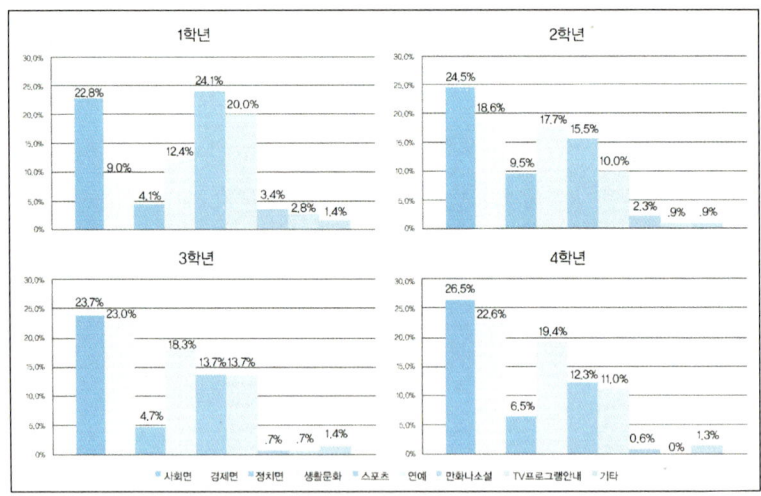

<그림 Ⅲ-88> 학년별 선호 신문 섹션

2) 교육과 연수, 취업

오늘날 4년 만에 대학을 졸업하는 대학생들은 많지 않다. 그들은 어학연수를 다녀와야 하고 휴학을 하고 영어공부를 하거나 인턴십을 해야 한다. 취업준비가 안 됐다는 이유로 졸업을 일부러 유예시키기도 한다. 대학 졸업의 목적이 취업이지만 대학은 취업준비를 하기에 많이 부족하다. 그래서 대학생에게도 여전히 사교육이 필요하다. 전체 대학생의 **44.9%**가 지난 일 년 동안 학원에 다닌 경험이 있거나 현재 다니고 있다고 응답하였다.

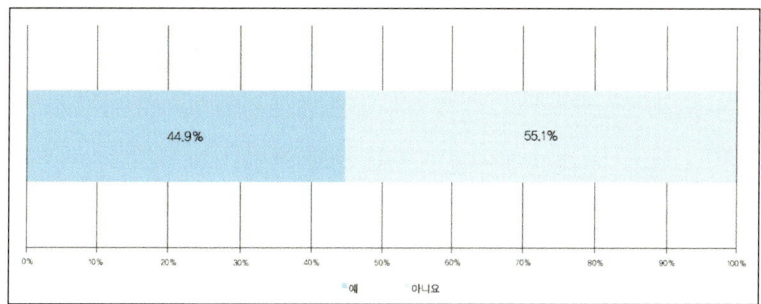

〈그림 Ⅲ-89〉 학원 수강경험

성별로는 여학생(**51.0%**)이 남학생(**39.1%**)보다 학원 수강경험이 많았고, 학년별로는 1학년 **20.5%**, 2학년 **41.4%**, 3학년 **50.0%**, 4학년 **63.0%**로 학년이 높아질수록 학원 수강 경험이 많았다.

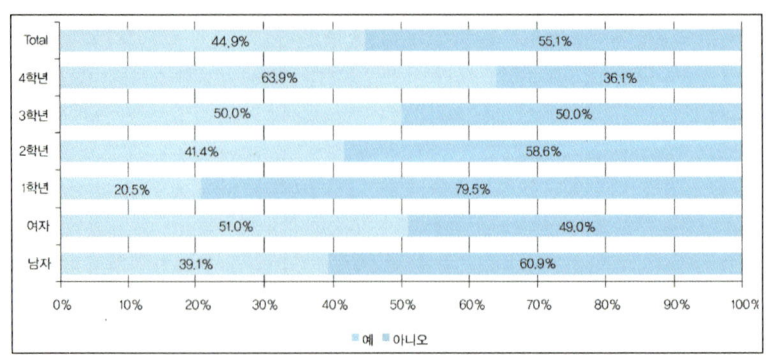

〈그림 Ⅲ-90〉 성별, 학년별 학원 수강경험

　대학생들은 지난 일 년간 평균 1.3개의 학원을 수강한 경험이 있다. 학원에 수강한 경험이 있는 학생들 중 **74.6%**가 영어학원에 다녔거나 현재 다니고 있고, **21.8%**가 자격증 학원을, **11.6%**가 여가를 위한 학원을 다녔거나 다니고 있다고 답하였다. 성별로는 남학생이 평균 1.2개, 여학생이 1.4개로 여학생의 학원 수강 경험이 더 많다. 학년별로는 1학년 1.4개, 2학년 1.3개, 3학년 1.4개, 4학년 1.4개이다. 1학년은 다른 학년에 비해 자격증 취득과 여가활동을 위한 학원 수강 경험이 많은데 이는 수능 후 대학 입학하기까지 비교적 시간적 여유가 많고, 그동안 하지 못했던 것이나 성인이 된 후 꼭 해 보고자 다짐했던 것들을 하기 때문일 것이다. 반면 2학년부터는 편입학원, 취업준비학원, 유학준비학원에 다니는 학생들이 늘어난다.

　학원수강 경험이 있는 대학생들은 학원비로 지난 1년간 평균 **807,692**원을 지출하였다.

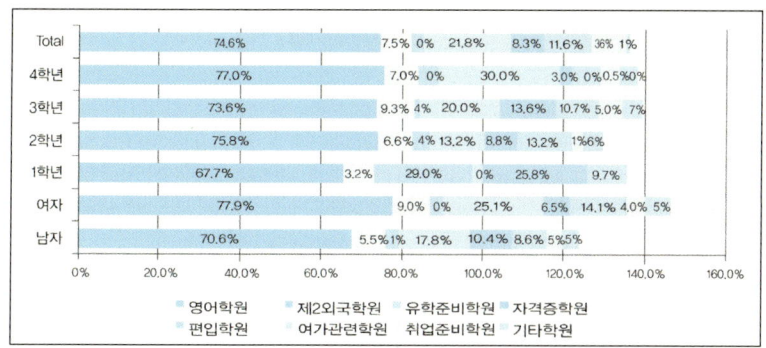

〈그림 Ⅲ-91〉 성별, 학년별 수강학원 종류

학원가에 서성이는 학생들

　전체 대학생들의 59.4%가 해외연수 경험이 취업에 필요한 조건이라고 생각하고, 그렇지 않다는 대학생은 12%에 불과해 대다수의 대학생들이 해외연수를 취업의 필수조건이라고 생각한다. 그렇지만 현실적인 여건 때문에 길든 짧든 해외연수 경험이 있는 응답자는 전체 대학생 중 10명 중 한 명꼴인 10.6%에 불과하다.

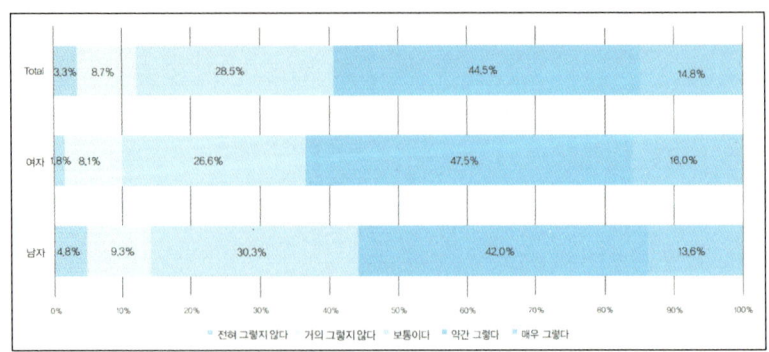

<그림 Ⅲ-92> 해외연수 필요성 여부

남학생(9.8%)보다 여학생(11.4%)이 해외연수 경험이 다소 많으며, 학년이 높아질수록 연수 경험이 많다. 특히 취업을 앞둔 4학년의 해외연수 경험률은 18.4%로 다른 학년에 비해 월등히 높다.

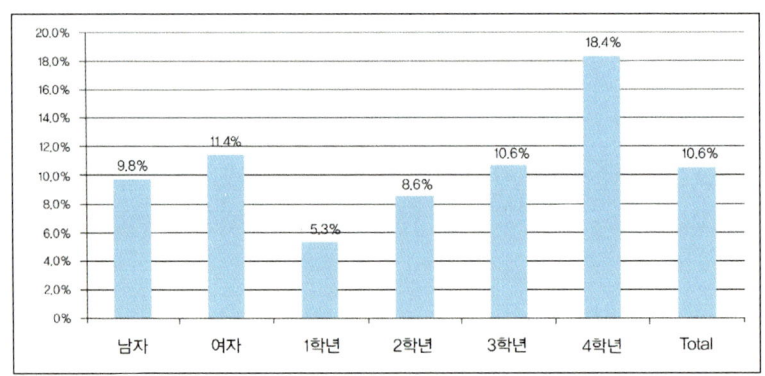

<그림 Ⅲ-93> 성별, 학년별 해외연수 경험률

대학생들이 선호하는 해외연수 국가는 미국, 캐나다, 호주 등 주로 영어권 국가이다. 영어를 사용하는 국가이나 연수비용이 비교적 싼

필리핀도 영국과 함께 5위를 차지하였다. 비영어권 국가로는 중국이
유일하게 5위권 내에 포함되어 있다.

〈표 Ⅱ-16〉 주요 연수 국가

순 위	연수국가
1	미 국
2	캐나다
3	호 주
4	중 국
5	영국/필리핀

대학생들이 가장 열심히 하는 학교 활동은 전공공부이다. 전체 응
답자의 47.2%가 대학생활에서 전공공부에 가장 매진하고 있다고 응
답했다. 다음으로 열심히 하는 활동은 취업준비(9.7%), 동아리활동
(9.7%)이다. 남학생(41.3%)보다는 여학생(53.6%)이 전공공부에 더 열
심이며, 반면 남학생은 전공공부 외에 취미활동, 학생회활동, 동아리
활동, 친교활동 등 다양한 활동을 여학생보다 더 많이 하고 있다. 학
년별로는 3학년까지는 학년이 높아질수록 전공공부를 많이 하나 4학
년은 전공공부에 매진하는 시간은 다소 줄이고, 취업 관련 공부의 비
중을 늘린다. 취미활동과 동아리활동, 학생회활동은 학년이 높아질수
록 줄어든다.

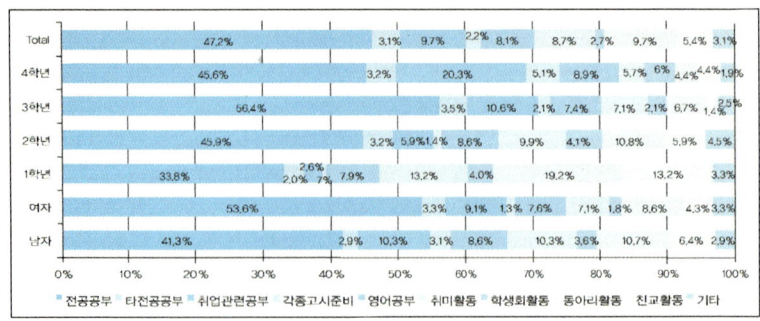

〈그림 Ⅲ-94〉 가장 열심히 하는 학교 활동

대학생들은 교육서비스의 소비자로서 재학 중인 대학에 얼마나 만
족하고 있을까? 학교에 대한 만족도는 5점 만점에 '보통' 수준에 가
까운 평균 3.18점으로 나타났다. 35.3%의 학생들이 재학 중인 학교에
'다소 또는 매우 만족'하고 있고 17.6%의 학생들이 '매우 또는 대체
로 불만족'하고 있다. 남학생은 평균 3.2점, 여학생은 3.1점의 만족도
를 보였고, 학년별로는 1학년 3.4점, 2학년 3.0점 3학년 3.2점 4학년
3.1점으로 1학년의 만족도가 가장 높았다.

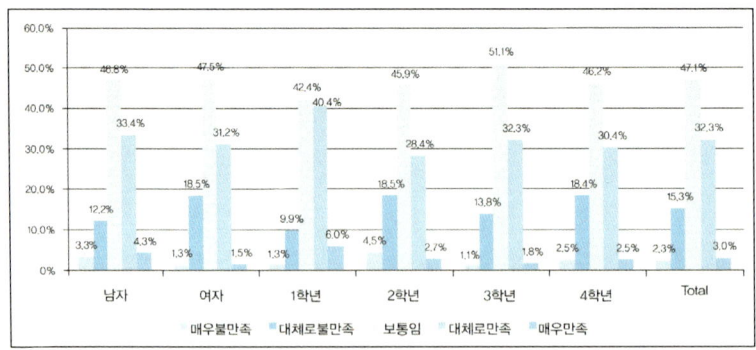

〈그림 Ⅲ-95〉 재학 중인 학교에 대한 만족도

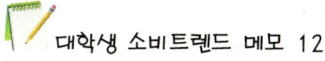
대학생 소비트렌드 메모 12

대학생 P 군의 자기계발 일주일

자기계발을 위해 열심히 노력하는 대학생 P 군은 평일에는 매일 아침 6시에 일어난다. P 군이 일어나서 가장 먼저 하는 일은 영어공부, 아침에는 주로 영어로 된 잡지를 읽으며 단어장을 만들거나 토익시험 문제를 풀어 보거나 한다. 약 2시간 정도 영어공부를 한후 씻고 학교에 와서 오후 5시 정도까지 수업을 듣고 과제를 하거나 수업에 관련된 조모임을 하고 저녁을 먹는다. 그리고 곧바로 학교에서 운영하는 영어회화 프로그램에서 진행하는 수업에 들어가 1시간 30분 정도 선생님이 주는 주제를 중심으로 영어회화 연습을 한다. 그리고 집으로 돌아오면 9시 정도. 이때부터 P 군은 낮에 조모임에서 의논했던 과제에 필요한 자료를 찾거나 오늘의 주요 기사를 확인하는 등 웹서핑을 하고 11시 정도부터 12시까지 1시간 정도 휴식을 취한 뒤 12시 정도 잠자리에 든다.

주말이 되면 P 군은 더 바쁘다. 취업 후 진로에 관련된 자격증을 따기 위해 만든 스터디 모임이 토요일마다 있기 때문이다. 스터디 모임은 대학생, 직장인 등이 섞여 구성되어 있다. 대학생은 이론적인 것을 평소 디 많이 공부할 수 있고, 직장인은 평소 일하면서 쌓인 노하우를 접목해 공부를 할 수 있어 괜찮은 시너지를 볼 수 있다고 생각한다. 그리고 이렇게 하면 인맥도 쌓게 되는 1석 2조의 효과가 있을 것 같다. 지금은 자격증 막바지 공부 중이라 주말 스터디는 하나만 하고 있지만 앞으로 취업시즌이 다가오면 취업면접에 대한 스터디도 하나 더 시작할 생각이다. 일주일 중 쉴 수 있는 날은 일요일 딱 하루인데 다음 주부터 시작하기로 한 공모전 모임이 일요일로 결정됐다. 일주일에 하루는 정말

어학연수: 영어실력 향상 + α

• **어학연수에 대한 소비자인식**
  2009년 심층면접(In-depth Interview): 어학연수 경험자 1명

(1) 어학연수에 관심을 가지게 된 계기는?

영어가 우리 사회에서 성공을 위해 필수적인 요소라는 이야기를 많은 사람들한테 들었고, 다양한 문화를 체험해 보고 싶다는 욕구를 가지고 있어, 다양한 문화 체험과 영어회화 실력을 향상하는 데 동시 효과를 볼 수 있는 해외 어학연수에 관심을 가지게 되었다.

"선배들이나 사회에 계신 분들께서 회사에 갔을 때, 특히 승진할 때나 외부업무를 할 때 결정적으로 영어 실력이 필요하다는 얘기를 많이 하셨어요. 특히 회화는 정말 중요하다는 얘기도 들었어요. 그리고 면접 볼 때, 해외 어학연수를 다녀와서 느낀 점을 말하거나 성장한 점을 말하는 것이 또 큰 플러스 요소가 된다고 하더라고요. 그리고 외국에서 일 년쯤 살면서 다른 문화를 체험해 보고 싶기도 했고요."

(2) 어떻게 계획했나?

초기에는 몇 군데의 후보지를 선택한 후 각 후보지의 장단점을 여러 루트를 비교해 그중 가장 핵심적으로 생각했던 어학실력 향상, 특히 일상 중에서의 영어회화가 가장 많이 향상될 수 있는 지역과 프로그램을 선택한다.

"일단 초기에 생각했던 후보지는 미국, 영국, 캐나다 3곳이었는데 그중 한국 사람이 많이 없고, 원하는 환경에 가장 가까웠던 영국을 선택했어요. 프로그램은 오전 시간에는 어학원에서 수업을 받고, 오후 시간에는 별도의 프로그램을 정해 두지 않고 지역을 돌아다니면서 길에서 사람들에게 말을 걸거나 어학원에 같이 다니던 다른 나라에서 온 친구들과 모임을 가지거나 하면서 회화연습을 많이 할 수 있도록 계획했고, 쉬는 것도 목적 중 하나였기 때문에 일정을 너무 빡빡하게 짜지는 않았어요."

(3) 어학연수를 다녀온 후 좋았던 점들은?

응답자의 경우 언어 실력의 향상보다는 다양한 문화를 체험하고 다양한 사고방식을 이해할 수 있는 기회를 가질 수 있던 것에 굉장히 만족했다. 영어 실력의 경우 실력 자체보다는 어느 상황에서나 말을 시작할 수 있는 자신감을 갖게 된 것을 성과로 지목할 수 있다.

"가장 좋았던 건 세계 각국에서 온 사람들을 많이 접하고, 그들과 함께 대화하며 시간을 보냈던 거예요. 다른 나라 사람의 사고방식이나 문화를 이해해가는 과정을 체험한 것이 영어 실력 이상으로 자신감을 가지게 해 주었고 앞으로 어떤 사회에 가서도 잘할 수 있을 것 같다는 생각을 할 수 있도록 해 줬어요."

"어학 실력은 엄청나게 능숙할 정도로 향상된 것은 아니지만 영어를 해야 하는 순간에 머뭇거리는 건 없어진 것 같아요. 우리나라 사람들이 외국인들이 어설프게 한국어로 말해도 알아들을 수 있듯이 외국 사람들도 그런 것 같고, 괜히 내가 먼저 부끄러워할 필요가 없다는 생각을 가지게 된 거죠. 지금은 일부러 영어를 쓸 수 있는 기회가 있으면 무조건 사용해요! 외국인이 많이 있는 장소를 찾아갈 때도 있고, 요즘에는 학교에도 외국인이 많이 늘어서 좋아요."

"요즘에는 외국인들만 보이면 대화하려고 하다 보니 친구들이 외국인만 나타나면 친구는 버린다고 뭐라고 하기도 해요."

"유럽 쪽으로 갔었기 때문에 틈틈이 여행을 많이 했는데, 여행비를 일일이 부모님께 받아 쓸 수 없어 현지에서 아르바이트를 해서 돈을 벌었어요. 외국에서 아르바이트를 했던 것도 여행을 했던 것도 정말 잊지 못할…… 시야를 넓게 해 줬던 경험이었던 것 같아요."

(4) 어학연수를 준비하는 다른 친구들과 자신의 방법을 비교해 보면?

목적이 분명한 어학연수를 굉장히 중요하게 생각하고 있다. 목적이 분명하다면 방법은 크게 상관이 없다는 태도를 보인다.

"물론 아침부터 저녁까지 어학원에서 학습을 하는 것을 목적으로 연수를 간 친구들도 나쁘지 않다고 생각해요. 하지만 어학연수는 학습을 위한 기회이기도 하지만 다른 문화를 배우고, 빡빡한 대학생활 속에서 잠깐 쉬고, 많은 생각을 해 볼 수 있는 기회라고 생각하기 때문에 좀 더 즐기면서 해도 될 것 같다고 생각해요."

"솔직히 대학 졸업하면 이런 기회를 갖기가 어렵잖아요. 물론 사람들마다 다양한 목적이 있고, 그에 맞게 계획을 해야겠지만…… 아!! 한 가지 아쉬운 건 한국 사람 많은 곳으로 연수를 가는 친구들이에요. 한국 사람이 많은 곳으로 가면 아무래도 서로 의지하게 되기 때문에 언어도 다른 문화에 대한 체험도 제대로 못하고 오는 것 같아서요. 뭐 근데…… 목적이 분명하면 방법이야 상관없죠……."

Chapter 04

대학생 소비트렌드
Summary

1. 대학생, 어디에 돈을 쓰나?

대학생이 소비자로서 중요한 이유 중 하나는 흔히 '소비액은 많지 않지만 다른 집단의 준거집단이 되기 때문'이라고 설명한다. 하지만 조사 결과 대학생의 소비액은 직장인에 비해 결코 적지 않으며 나름대로 부모로부터 상당히 독립적인 소비의사결정을 하는 것을 볼 수 있었다.

1) 소비시장의 큰손 : 대학생 소비자

요즘 대학생들의 월평균 용돈은 481,035원으로 2009년 12월 인크루트에서 조사한 직장인의 평균 용돈 455,000원과 거의 비슷한 수준이다. 또한 남녀별, 항목별 지출비율도 직장인과 대학생들 간에 상당히 유사하게 나타나 대학생이 직장인과 큰 차이가 없는 소비 수준을 가지고 있음을 알 수 있었다. 요즘 대학생들은 부모로부터 받는 용돈 외에도 아르바이트를 통해 부족한 용돈을 메운다. 원하는 명품가방을 사거나 해외여행을 가거나 뮤지컬을 보겠다는 일념으로 아르바이트를 하면서 수입을 늘리기도 한다. 일부 대학생들은 장학금을 타거나 공모전을 통해서도 부수입을 얻기 위해 최선을 다한다. 어떻게 돈을 벌든 대학생들은 소비시장에서 무시할 수 없는 큰손이다.

2) 대학생 지갑 안에 필수품, 엄카

대학생들의 소비수준을 유지하는 데는 엄카의 역할도 중요하다. 엄카는 엄마카드의 줄임말로 요즘 대학생들의 지갑에 들어 있는 여러 장의 카드 중 당당하게 한 자리를 차지하는 중요한 카드이다. 요즘 대학생들의 절반가량이 신용카드를 사용하고 이들이 사용하는 카드 중 62.6%가 소위 말하는 엄카이다. 요즘 대학생들은 후불제 교통카드를 사용한다는 빌미로 쉽게 엄카를 얻는다. 그리고 부모들은 위급할 때 사용할 수 있도록 엄카를 허용한다. 대학생들은 한 달 용돈만으로는 살 수 없는 값나가는 가방이나 옷 등을 사야 하는 나름대로 '위급'한 상황에 이를 이용한다. 엄카를 가지고 있는 학생은 여러 명이 모여 음식을 먹고 더치페이를 하거나 해야 할 경우 각자에게서 현금을 모으고 엄카로 한꺼번에 결제하는 소위 카드깡을 하기도 한다.

3) 즐기는 1~2학년, 준비하는 3~4학년

대학생이 된 지 얼마 안 된 1~2학년들은 고등학교 때 누리지 못했던 자유를 만끽하고자 자신을 꾸미고 유흥을 즐기는 데 많은 비용을 지출한다. 1~2학년은 남녀를 불문하고 술 마시는 데 많은 돈을 쓰고 특히 여학생들은 화장품과 의류 지출을 위해 많은 돈을 쓴다. 친한 친구끼리 MT를 가거나 여행을 하기도 한다. 반면 3~4학년은 취업을 위해 스펙을 만들고 이미지를 가꾸는 데 돈을 쓴다. 1~2학년은 3~4학년에 비해 의류/신발지출액이나 오락비. 술/담배비에 대한 지출 비중이 높고 3~4학년은 1~2학년에 비해 학원비, 도서비, 교재비 등에 대한 지출 비중이 늘어난다. 특히 영어공부를 하기 위한 영어책 구입이나 학원수강비가 많아지고 취업준비를 위해 경제/경영 관련 서적을 사서 읽는다.

4) 부자 대학생, 가난한 대학생

대학생들이 전체적으로 소비수준이 높아졌다고는 하지만 이는 모든 경우에 해당되는 것은 아니다. 모든 대학생이 엄카를 갖고, 아르바이트를 하며, 공모전에서 수상해서 목돈을 만지는 것은 아니다. 대학생들에게도 부익부 빈익빈 현상은 존재한다. 한 달 용돈이 많은 집단은 소비도 많이 하지만 평균 예금액도 높다. 반면 가난한 대학생들은 10만 원 미만의 용돈을 쓰고 김밥으로 점심을 때운다. 부자 대학생들은 어학연수를 가기 위해 휴학을 하지만 가난한 대학생들은 등록금을 벌기 위해 휴학을 한다. 세상은 어디를 가든지 다 비슷하다. 대학생 사회에서도 부익부 빈익빈(富益富 貧益貧) 현상이 존재한다.

2. 대학생, 무엇을 먹고 마시나?

오늘날 우리나라에서는 원하기만 한다면 전 세계 육해공을 마음껏 즐길 수 있다. 스파게티, 스테이크, 탕수육, 스시, 타코, 카레, 쌀국수 등 외국 음식들이 더 이상 낯설지 않다. 이러한 식문화를 마음껏 향유하면서 자라난 대학생, 그들은 무엇을 먹고 마실까?

1) 집밥보다 외식에 익숙한 대학생

대학생들은 아침은 잘 먹지 않고, 점심은 학교에서, 저녁은 학교 밖에서 친구들과 함께 먹는다. 아침 겸 점심으로 학교 앞에서 간단하게 도넛이나 샌드위치를 사서 먹기도 한다. 대학생의 전체 소비 지출 중 식비가 약 30%를 차지하고 일주일에 3회 이상 외식하는 비율이 50%에 가까울 정도로 이들은 외식을 자주 한다. 부모님 세대야 밖에 있다가도 6시 즈음 저녁 식사 시간이 되면 '빨리 집에 가서 밥 먹어야지' 하지만 요즘 대학생들은 '시간도 됐는데 밥 먹고 들어가야지' 하는 생각을 갖고 있다. 외식을 하면 귀찮게 설거지를 할 필요도 없고 선택할 수 있는 메뉴도 다양하지 않은가? 그들은 굳이 집에 가서 어머니가 해 주신 밥을 먹어야 하는 이유를 찾지 못한다.

2) 다양하게 먹지만 그래도 '밥심'으로 산다

대학생은 외식을 통해 나열하자면 끝도 없을 다양한 메뉴를 먹는다. 대학생들은 파스타와 스테이크 등의 양식과 돈부리와 초밥 등의 일식 그리고 패스트푸드 등 참으로 다양한 메뉴를 즐기고 새로운 음식을 쉽게 받아들인다. 그럼에도 불구하고 그들이 외식할 때 가장 좋아하는 메뉴는 여전히 삼겹살, 김치찌개, 된장찌개, 불고기 등 밥과 함께 먹는 한식이다. 한식 다음으로 선호하는 것이 일식이고 그다음이 양식, 분식/패스트푸드, 중식의 순이다. 조사대상 대학생들은 다양한 음식을 좋아하지만 그래도 하루 한 끼는 밥을 먹어야 한다는 고정관념을 갖고 있다. 건강이나 영양문제 또는 위생문제를 떠나 두 끼 정도 다른 음식을 먹은 후에는 자연스럽게 한식을 찾게 된다는 것이다. 아주 배가 고프거나 할 때도 가장 먼저 생각나는 메뉴는 한식이다. 대학생들이 아무리 다양한 메뉴를 즐기고 새로운 음식에 익숙해진 세대라지만 아직은 밥심으로 버티고 있는 한국 대학생이다.

3) 음주, 흡연도 성평등

여성들의 학력이 높아지고 사회 진출이 활발해지면서 '성평등'은 이제 특별하지도 않은 이 시대의 화두이다. 성평등은 대학 캠퍼스에서는 술, 담배를 통해서도 나타난다. 1학년 때는 남학생들보다 술 마시는 횟수가 적던 여학생들이 4학년이 되면 남학생보다 술을 더 자주 마신다. 주량은 남성처럼 2병 이상 마시는 경우가 많진 않지만 사회적 주량에 맞춰 한 병 정도는 기본이다. 그리고 여학생들도 남학생과 마찬가지로 사람들과 어울리기 위해 술을 마신다. 흡연도 마찬가지다. 물론 흡연 비율은 7.1%로 남학생의 37.5%에 비하면 적지만 화장실이나 눈에 띄지 않는 곳을 찾아 담배를 피우던 여학생들이 이젠 당당하게 공개된 장소에서 남학생들과 함께 담배를 피운다. 여학생들도 더 이상 술을 못 마시는 척, 담배를 안 피우는 척할 필요가 없다고 느낀다.

3. 대학생, 무엇을 입고 꾸미나?

옷을 입고 외모를 꾸미는 문제는 자기표현을 중요하게 생각하는 젊은 사람들이라면 누구나 중요하게 생각하는 부분이다. 대학생들의 경우는 외모관리가 자기표현의 수단임과 더불어 사회에 나갈 준비라는 차원에서도 매우 중요한 부분이다.

1) 머리부터 발끝까지 리뉴얼

대학생들이 식비 다음으로 가장 많이 지출하는 비용은 의류·신발비이다. 성별에 따른 차이는 있지만 여학생들의 경우 화장품이나 장신구까지 더하면 전체 지출의 25%를 차지할 정도로 자신의 외모를 꾸미는 데 많은 비용을 지출한다. 대학생들이 의류를 고를 때 가장 중요하게 생각하는 부분은 디자인인데 이들은 자신이 선호하는 스타일을 비교적 명확히 알고 있었다. 또 남녀를 불문하고 기본적인 화장품을 사용하는 것은 물론 피부관리에도 힘을 쏟고 있다. 이들은 우리 사회에서 외모가 하나의 경쟁력이라고 인식하고 있으며 취업을 할 때 외모가 상당한 영향을 미친다고 생각한다. 조사대상자들 중 원하는 외모를 가지기 위해 성형을 할 의향이 있는 비율도 여학생의 경우 75.2%, 남학생의 경우 35.5%로 상당히 높게 나타났다.

2) '남들이 보는 나'가 중요해

대학생들이 추구하는 이미지나 의류스타일은 의외로 무난하고 튀지 않는 스타일이다. 대학생은 장식이나 디테일을 최소화하여 기본에 충실한 패션을 통해 세련, 단정, 심플, 무난함으로 표현되는 이미지를 가지기를 원한다. 왜냐하면 이들은 자신의 취향보다는 남들의 시선에 더 신경을 쓰기 때문이다. 외모를 가꾸는 이유는 궁극적으로 타인의 눈을 의식한 것이다. 화장을 공들여 하는 이유도 내가 보이기를 원하는 이미지를 남에게 보여 주기 위해서이다. 성형을 하는 이유도 취업할 때 면접자에게 좋은 이미지를 주기 위해서다. 좋은 옷을 입거나 화장을 잘해서 스스로 흐뭇한 이유는 궁극적으로 남이 그것을 인정해 주기 때문이다. 그래서 집 밖에서 쓰는 컴팩트는 집 안에서 쓰는 것과 달리 명품으로 하나쯤은 가지고 있어야 한다. 내 세련된 입맛을 보여 주기 위해 가끔은 자판기 커피보다 값이 그 20~30배쯤 되는 스타벅스 커피잔을 들고 다녀야 한다.

3) 보편화되는 메트로섹슈얼

요즘 외모관리에 대한 관심은 남녀를 가리지 않는다. 70% 가까운 남학생이 기초화장품을 사용하고 있고 일부 남학생은 파운데이션이나 섀도와 같은 색조화장품을 사용하기도 한다. 많은 남학생들이 취업 전에 피부관리를 받기 위해 피부과를 찾는다. 요즘 학교에서 몸에 딱 붙는 스키니 스타일의 옷을 입고 아이라인을 그리는 남학생을 보는 것은 그리 어려운 일이 아니다. 물론 외모관리에 대한 남성들의 관심은 대학생들만의 것은 아니다. 그러나 대학생들은 직장인에 비해 동료나 상사, 거래처 등 상대를 의식하지 않고 좀 더 자유롭게 원하는 스타일을 표현할 수 있는 자유가 보장되어 있어 일반 직장인들보다는 좀 더 자유로운 형태로, 보다 적극적으로 패션과 미를 추구한다.

4. 대학생, 무엇을 하고 노나?

대학생들은 이전 세대보다 문화상품을 많이 소비하고 또한 다양하게 그것을 즐긴다. 특히 다양한 미디어를 사용해 혼자 노는 데 익숙하다. 하지만 비용을 아끼느라 문화를 즐기는 데 있어 저작권 침해 등 미성숙한 행동을 하기도 한다.

1) 참으로 다양하게 즐기는 대학생

대학생들의 여가에서 가장 두드러지는 것은 그들이 참으로 다양한 방식으로 다양한 콘텐츠를 즐긴다는 것이다. 영화를 보는 것은 이미 일상화되어 있고, 연극, 콘서트 등의 공연을 관람하는 것도 더 이상은 낯설지 않다. 더 나아가 음악 페스티벌(15.1%)이나 영화제(30.8%)에 참여하는 대학생들도 상당히 많다. 그리고 이들은 여러 가지 매체를 활용하는 데 익숙하다. TV, 라디오 등 기존 매체부터 MP3, DMB 등의 개인매체, 인터넷 등에 상당히 익숙하다. 가령 대학생들은 더 이상 TV 수상기를 통해 방송국에서 송출하는 형태의 TV만을 수동적으로 시청하지 않는다. 인터넷 TV를 이용해 개인방송을 하기도 하고 해외 방송을 실시간으로 보기도 하며, 자신이 좋아하는 콘텐츠를 재편집해서 방송하기도 한다.

2) 혼자 놀기

대학생들이 여러 가지 매체에 익숙해짐에 따라 나타나는 또 다른 두드러진 특징은 혼자 놀기에 익숙하다는 것이다. 개인미디어 기기에 익숙하므로 심지어 가족들과 함께 보던 TV도 이젠 자신의 방에서 스스로에게 딱 맞는 형태로 혼자 시청한다. 음악에 몰입한 사람이라면 온라인 방송국 아프리카에서 자신의 취향에 맞게 편집한 음악을 들려주는 개인음방(개인이 운영하는 음악방송)을 듣고 드라마 폐인이라면 원하는 드라마 전회를 한꺼번에 보여 주고 해석해 주는 온라인 드라마 방송을 듣는다. 방에서 혼자 있더라도 온라인으로 연결하여 여럿이 게임을 같이 즐길 수 있다. 그래서 대학생들은 더 이상 물리적으로 혼자 있는 것에 어색해하지 않는다. 그들은 컴퓨터 스크린 앞에서 혼자 쇼핑을 하고 레스토랑에 가서 혼자 식사를 하거나 혼자 커피를 마시고 영화관에 가서 혼자 영화를 보거나 혼자 공연을 본다.

3) 문화적 Up & Down(load)

대학생들이 개방적이고 새로운 정보와 다양한 미디어에 익숙해 다양하게 문화를 향유(문화적 Up!)하고 있다. 그들은 자금만 충분하다면 음악과 각종 공연과 여행 등 문화를 향유하기 위해 기꺼이 돈을 쓸 준비가 되어 있는 세대들이다. 그렇지만 오히려 이로 인해 나타나는 부작용도 있다. 아직은 자금이 충분하지 않고 인터넷에 익숙한 대학생들은 문화를 향유하기 위해 음원이나 영화를 불법 다운로드하는 데에도 매우 익숙하다. 실제로 유료 음원을 구입한다고 응답한 응답자는 전체의 37.5%에 불과하다. 이는 대학생이 다른 집단에 비해 경제적인 부분에 더 예민하기 때문이기도 하지만 문화 향유에 대한 욕구가 Up된 만큼 의식이 Up되지 않았기 때문이다. 오히려 미디어에 익숙하고 문화적 욕구가 높다는 사실이 이들의 문화적 의식을 다운시키고 있다.

5. 대학생, 인터넷과 통신을 어떻게 이용하나?

지금의 대학생들에게 인터넷과 이동통신이 제거된 생활은 석기시대와 마찬가지이다. 대부분의 대학생들이 학업뿐만 아니라 사교와 쇼핑 등 일상생활에서도 큰 불편함을 느끼고 혼란스러워할 것이다. 철들 때부터 인터넷과 통신망의 혜택에 익숙해 있는 그들에게 인터넷과 통신은 구세대의 자장면만큼 당연한 것이다.

1) 현실보다 익숙한 온라인 세상

대학생들은 하루 평균 2.6시간 인터넷을 사용한다. 대학생들은 인 터넷에서 정보를 얻는 것을 주요 목적으로 하는 경우가 가장 많은데 검색하는 내용은 뉴스, 신문뿐 만 아니라 학습자료, 드라마/문화 콘텐 츠, 음악, 쇼핑 정보 등 다양했다. 다소 과장해서 걷기 전에 부모로부 터 얻은 정보 외에 세상에 필요한 거의 모든 정보들을 온라인을 통해 서 얻는다고 해도 과언이 아니다. 또 정보검색뿐만 아니라 가까운 친 구나 지인들과 의사소통하기 위해 블로그와 미니홈페이지, 메신저, 커뮤니티 등의 온라인 매체를 일상적으로 활용한다. 대학생의 약 80%는 시간 및 비용 절약, 제품정보 비교의 편리성 등의 이유로 온라 인 쇼핑을 적극적으로 활용한다. 의류의 경우에는 백화점 다음으로 가장 많이 이용하는 유통채널이 온라인 쇼핑이다.

2) 정보의 바다, 그러나 불신의 시대

대학생들이 온라인을 적극적으로 활용하고 있음에도 불구하고 온 라인 세상에서 얻는 정보에 대한 신뢰도는 매우 낮다. 커뮤니티상의 댓글을 신뢰할 수 있다고 응답한 사람이 전체 응답자의 30%도 되지 않았고, 온라인 쇼핑 시에도 가장 불만족한 점으로 정보의 불확실성 을 꼽았다. 인터넷 정보에 대한 불신은 초기 온라인 환경이 구축될 때 정보나 물품제공자가 불분명하여 쉽게 근거 없는 악플이나 허위 광고 등이 가능했던 것, 초등학생이나 중학생을 막론하고 누구나 글 을 올릴 수 있는 익명성, 블로그나 카페 등 네티즌의 글을 상업적으로 이용하려는 움직임의 확대 등에서 기인한다. 대학생들은 정보의 바다에서 지식의 오류를 쉽게 찾아낼 수 있는 계층이다. 현재 온라인 정보상의 신뢰성 제고를 위한 법, 규제 차원의 정비뿐만 아니라 선플 달기 운동 등 자율적인 노력이 더해지고 있으나 대학생들은 아직 정보의 바다를 믿고 헤엄치지는 않는다.

3) A부터 Z까지 손안에서 즐긴다

대학생들에게 휴대폰은 더 이상 통화를 위한 단순한 전화기가 아니다. 그들은 음성통화보다는 문자를 더 많이 활용하고 인터넷 등 다양한 부가서비스를 활용한다. 휴대폰은 매일 아침 변함없이 나를 깨워 주고 무거운 다이어리를 들춰 볼 필요 없이 간단한 일정들을 기억하게 해 주며, 처음 가 보는 곳을 찾아갈 때 지하철 갈아타는 법과 대략적인 소요 시간을 알려 주고, 관계있는 사람들의 각종 기념일이나 전화번호를 대신 기억하여 사람들과 원만한 관계를 유지하도록 도와준다. 이동할 때 심지어 수업 중 지루할 때 소리 없이 나를 즐겁게 해주는 여러 게임을 할 수 있게 해 주고 음악이나 소설을 다운로드받아 듣거나 읽을 수 있게 해 준다. 휴대폰을 사용하지 않더라도 휴대폰을 손에 들고 있으면 마음이 안정된다. 휴대폰 없이 과연 며칠이나 버틸 수 있을까?

6. 대학생 자기계발은 어떻게 하나?

고등학생들이 오로지 대학교 입학을 목표로 삼고 열심히 공부하듯이 대부분의 대학생들은 취업만을 목표로 삼고 대학생활을 한다. 요즘 대학생들은 전공보다 영어를 더 열심히 공부하고 대학에서 즐길 수 있는 동아리나 봉사활동 대신 취업준비를 위한 스펙 쌓기에 열중한다.

1) Everything for Only 취업

요즘 대학생들의 모든 일상은 취업을 위한 것이다. 취업에 필요한 외국어를 잘하기 위해서 영어학원을 다니고 해외연수를 가고, 방학 중에는 인턴십을 한다. 취업을 할 때 서류전형을 통과하기 위해 학점은 최소한 3.5 이상으로 만들어야 하고, 틈틈이 취업할 분야와 관련된 자격증도 따야 한다. 3~4학년이 되면 공모전 경력도 더해야 하고 회사에서 필요한 기본 소양을 위해 경제경영서적을 봐야 하며 4학년이 되면 면접 볼 때 인상을 좋게 하기 위해 피부관리나 성형을 하거나 몸매관리도 해야 한다. 대학을 가기 위해 이 땅에 태어났던 대한민국의 청소년들은 대학에 와서 취업을 하기 위해 다시 한 번 태어난다.

2) 학교만으론 부족해

대학을 다니는 목표가 학업적인 성취보다 취업에 초점이 맞춰지면서 대학 내에서 얻지 못하는 것들은 학교 밖의 활동을 통해 얻어야 한다. 학교공부 외에 취업이나 편입을 위한 영어학원이나 어학연수는 기본이다. 이외에도 자격증을 따기 위한 학원 사교육도 필요하다. 자신과 관심사나 목표가 비슷한 사람들과 만나서 스터디를 하거나 공모전에 참여하려면 학교 밖으로 눈을 돌리는 게 유리하다. 적극적으로 자신이 원하는 것을 얻으려면 대학에 와서도 졸업할 때까지 학교 밖에서 다양한 사교육을 받아야 한다. 연장된 사교육을 받기 위해 휴학은 거의 필수이다. 요즘은 군대문제가 아니더라도 4년 만에 대학을 졸업하는 학생은 드물다.

3) 학점관리는 A+

대학생들이 가장 열심히 하는 활동은 동아리활동이나 인간관계 맺기나 가치관 정립이 아니라 전공공부다. 아울러 대학생들이 학교 내에서 성취하려고 열심히 노력하는 거의 유일한 것은 전공학점이다. 전공공부보다 동아리활동이나 학생회활동, 친교활동 등을 더 열심히 한다는 학생은 전부 합쳐도 10%를 약간 넘는 정도이다. 실제로 대학생들은 예전과 비교가 안 될 정도로 학점 관리를 열심히 한다. 수업시간에 결석하지 않는 것은 물론, 어쩔 수 없이 결석을 하게 되면 병원진단서를 떼 오거나 사유서를 쓴다. 친구에게는 무슨 이유를 대서라도 노트나 보고서를 빌려 주지 않는다. 그래도 학점이 시원치 않으면 교수에게 장학금을 빌미로 사정을 하거나 부모님이 전화를 걸기도 한다. 1~2학년 때 망친 과목을 재수강해서 학점을 업그레이드하기 위해 자발적으로 5학년이 되는 대학생들도 많다.

김경자

서울대학교 소비자학과 졸업
University of Illinois at U–C, Ph.D.
현) 가톨릭대학교 소비자학 전공 교수

천경희

서울대학교 대학원 소비자학 박사
A. C. Nielsen Company 선임연구원
인터막스애드컴 마케팅팀 팀장
현) Wise Insight 마케팅부 이사
    가톨릭대학교 소비자학 전공 겸임교수

남유진

가톨릭대학교 소비자주거학과 졸업
(주)이너스 커뮤니티 온라인 바이럴 마케터
현) 가톨릭대학교 대학원 소비자학 전공 박사과정

임하나

가톨릭대학교 소비자주거학과 졸업
(주)인터젠 컨설팅 그룹 연구원
현) 가톨릭대학교 대학원 소비자학 전공 석사과정

대한민국
대학생 소비자
FactBook

초 판 인 쇄 | 2010년 12월 31일
초 판 발 행 | 2010년 12월 31일

지 은 이 | 김경자, 천경희, 남유진, 임하나
펴 낸 이 | 채종준
펴 낸 곳 | 한국학술정보㈜
주   소 | 경기도 파주시 교하읍 문발리 파주출판문화정보산업단지 513-5
전   화 | 031) 908-3181(대표)
팩   스 | 031) 908-3189
홈 페 이 지 | http://ebook.kstudy.com
E - m a i l | 출판사업부 publish@kstudy.com
등   록 | 제일산-115호(2000. 6. 19)

ISBN   978-89-268-1821-3 93320 (Paper Book)
            978-89-268-1822-0 98320 (e-Book)

이담
Books 는 한국학술정보(주)의 지식실용서 브랜드입니다.

이 책은 한국학술정보(주)와 저작자의 지적 재산으로서 무단 전재와 복제를 금합니다.
책에 대한 더 나은 생각, 끊임없는 고민, 독자를 생각하는 마음으로 보다 좋은 책을 만들어갑니다.